START-UP PER TUTTI

(Con simulatore aziendale)

Progetto abbinato al simulatore aziendale

gratuito **www.bacu.me**

INTRODUZIONE

Questo libro è stato pensato per chi si avvicina per la prima volta all'economia aziendale o ritiene di avere una visione parziale dell'argomento. L'obiettivo è quello di fornire gli strumenti di base per poter inquadrare le problematiche legate alla gestione aziendale. Pertanto non ha la pretesa di sostituire i manuali degli istituti tecnici o i testi universitari.

Il testo, così come il simulatore aziendale gratuito www.bacu.me, è strutturato in 6 aree.

- Start-up
- Fornitori e produzione
- Marketing
- Vendite
- Organizzazione aziendale e risorse umane
- Controllo di gestione e bilancio

In ognuna di esse forniremo i concetti chiavi e dove necessario degli esempi numerici per chiarire i concetti che richiedono più attenzione.

Ci soffermeremo in particolare sulle relazioni che sussistono fra i diversi fattori e gli altri per comprendere le conseguenze delle scelte effettuate.

Per chi ha in mente di avviare un'attività (piccola o grande che sia) abbiamo focalizzato l'attenzione su due aspetti che riteniamo più importanti di altri per il successo di una start-up: produttività e flusso di cassa (cash flow).

Nel simulatore, e in alcuni casi nel testo, useremo come modello un'azienda manifatturiera di magliette t-shirt. Abbiamo scelto questo tipo di azienda per i seguenti motivi:

- la t-shirt è un prodotto che tutti conosciamo
- l'abbigliamento è un mercato con forte segmentazione (forbice di prezzo molto ampia)
- la t-shirt è un bene soggetto a stagionalità (alta stagione in primavera-estate e bassa stagione in autunno-inverno)
- la t-shirt è un prodotto che può essere promosso anche tramite canali digitali
- la t-shirt è un prodotto che chiunque potrebbe pensare di commercializzare

1. START UP

La regola delle 10.000 ore

La regola delle 10.000 ore è un concetto legato alla teoria del successo di Malcolm Gladwell. Secondo questa teoria, per diventare un esperto in un determinato campo, è necessario dedicare almeno 10.000 ore di pratica intensiva a quell'attività.

Il concetto è stato formulato in risposta alla ricerca che suggerisce che le persone che sono state considerate geni o prodigi in un campo hanno in realtà investito un'enorme quantità di tempo e sforzi per raggiungere la loro maestria.

Per esempio, molti grandi musicisti, artisti e atleti hanno dedicato un'enorme quantità di tempo alla loro arte per raggiungere il successo. La regola delle 10.000 ore suggerisce quindi che il successo in un campo richiede molta più pratica e impegno di quanto la maggior parte delle persone possa immaginare.

La regola delle 10.000 ore è stata ampiamente dibattuta e alcuni studiosi sostengono che il numero di ore richieste per diventare un esperto possa variare a seconda della persona e del campo di attività. Tuttavia, in generale, la regola delle 10.000 ore rimane un concetto utile per ricordare che il successo richiede un impegno costante e una pratica intensiva.

A tale scopo abbiamo sviluppato un simulatore aziendale **gratuito** che permette a chiunque di esercitarsi nella gestione manageriale accumulando preziosa esperienza.

https://www.bacu.me

Perché creare una start-up?

Ci sono diverse ragioni che possono spingere una persona o un gruppo di persone a creare una start-up, tra cui:

Opportunità di mercato: spesso le start-up nascono dall'identificazione di un'opportunità di mercato che non è ancora stata sfruttata. I fondatori della start-up hanno un'idea innovativa per un prodotto o servizio che vedono come una soluzione a un bisogno o una lacuna nel mercato.

Passione: molte start-up nascono dalla passione dei fondatori per un particolare settore o per risolvere un problema specifico. Questi imprenditori vogliono dedicare la loro vita a lavorare su qualcosa che li appassiona e in cui credono.

Autonomia: molte persone desiderano creare la propria attività per godere dell'autonomia e della flessibilità che non si trovano nei lavori tradizionali. Inoltre, le start-up offrono l'opportunità di lavorare con una maggiore autonomia e di prendere decisioni indipendenti rispetto ad altre aziende più grandi.

Innovazione: le start-up spesso sono fondate da persone che hanno un'idea innovativa e vogliono portarla sul mercato. Queste idee possono essere nuovi prodotti, nuove tecnologie o nuovi approcci a un settore esistente.

Opportunità di crescita e di profitto: le start-up possono offrire grandi opportunità di crescita e profitto. Se un'idea innovativa ha successo, la start-up può crescere rapidamente e diventare un'azienda di successo. Inoltre, i fondatori possono ottenere un rendimento finanziario significativo per il loro lavoro e il loro investimento iniziale.

La sopravvivenza delle start-up italiane dopo il primo anno dipende da diversi fattori, tra cui il settore in cui operano, la qualità del prodotto/servizio offerto, la gestione finanziaria e l'esperienza del team di gestione.

Secondo uno studio condotto dal Politecnico di Milano nel 2020 su un campione di 22.850 start-up italiane nate tra il 2010 e il 2018, la percentuale di sopravvivenza delle start-up italiane dopo il primo anno è del 76,4%. Tuttavia, questa percentuale diminuisce notevolmente nei successivi anni di attività. Infatti, solo il 58,4% delle start-up sopravvive dopo il secondo anno, il 49,5% dopo il terzo anno e il 41,9% dopo il quarto anno.

Ciò significa che, anche se molte start-up italiane riescono a superare il primo anno di attività, molte di esse incontrano ancora difficoltà nel lungo termine. È importante sottolineare che queste statistiche variano a seconda del settore, della regione e di altri fattori specifici di ogni start-up.

Le maggiori cause di insuccesso

Le cause di fallimento di una start-up possono essere molteplici e dipendono da diversi fattori specifici a ogni singola situazione. Tuttavia, alcune delle principali cause di fallimento di una start-up includono:

Problemi di finanziamento: una start-up potrebbe non avere abbastanza finanziamenti per sostenere la propria attività e crescita a lungo termine.

Mancata risposta alle esigenze del mercato: se una start-up non riesce a soddisfare le esigenze del mercato, i clienti potrebbero non essere interessati al prodotto/servizio offerto.

Concorrenza: la presenza di concorrenti forti e già affermati può rendere difficile per una start-up affermarsi nel mercato.

Mancata pianificazione strategica: se una start-up non ha un'adeguata pianificazione strategica a lungo termine, potrebbe non essere in grado di affrontare le sfide future.

Problemi di gestione del team: una cattiva gestione del team può portare a problemi di comunicazione interna, conflitti e riduzione dell'efficienza complessiva dell'azienda.

Problemi legali: una start-up potrebbe incontrare problemi legali derivanti da violazioni di brevetti, proprietà intellettuale o altre questioni legali.

Problemi tecnici: problemi tecnici o di produzione possono portare a ritardi nella consegna del prodotto/servizio o addirittura alla sua impossibilità di realizzazione.

Problemi di marketing: una cattiva strategia di marketing o un'incapacità di raggiungere il proprio pubblico di riferimento possono portare a una ridotta visibilità e quindi al fallimento della start-up.

È importante sottolineare che ogni start-up ha la propria situazione specifica e che le cause di fallimento possono variare a seconda del settore e di altri fattori specifici.

Nel simulatore l'azienda sarà dichiarata fallita in caso di indebitamento superiore al 150% in assenza di utile.

I settori con più start-up

In generale, il numero di start-up in ogni settore varia in base alle tendenze di mercato, alle nuove tecnologie emergenti e alle esigenze dei consumatori. Tuttavia, in Italia e in molti altri paesi, alcuni settori hanno visto una crescita costante delle start-up negli ultimi anni, tra cui:

Tecnologia: Il settore tecnologico è uno dei più popolari per le start-up. Le aziende di questo settore sviluppano soluzioni tecnologiche innovative in vari settori, come ad esempio la sicurezza informatica, la robotica, la domotica, la realtà virtuale e aumentata, l'Intelligenza Artificiale, il cloud computing e molti altri.

Fintech: Il fintech è un settore in rapida crescita e comprende aziende che offrono servizi finanziari attraverso tecnologie digitali. Queste start-up offrono servizi come pagamenti online, prestiti, investimenti, valuta digitale e molto altro.

Servizi alla persona: Questo settore comprende aziende che offrono servizi e prodotti per migliorare la qualità della vita delle persone. Tra questi ci sono start-up che si occupano di benessere e salute, fitness, food delivery, moda, bellezza e altro ancora.

Energia e ambiente: Il settore dell'energia e dell'ambiente sta diventando sempre più importante per le start-up.

Le aziende di questo settore sviluppano soluzioni sostenibili e innovative per il risparmio energetico, la gestione dei rifiuti, la produzione di energia rinnovabile e la protezione dell'ambiente.

Servizi alle imprese: Questo settore comprende aziende che offrono servizi alle altre imprese, come ad esempio servizi di consulenza, marketing, HR, servizi IT, servizi di logistica e molto altro.

È importante sottolineare che questi settori possono essere ulteriormente suddivisi in sottocategorie specifiche a seconda del tipo di prodotto/servizio offerto dalle start-up.

Le aziende "Unicorno"

Il termine "azienda unicorno" (in inglese "unicorn company") si riferisce ad un'azienda start-up che è stata valutata con una capitalizzazione di mercato di almeno un miliardo di dollari. Questo termine è stato coniato nel 2013 dalla venture capitalist Aileen Lee per descrivere le imprese che sembravano essere così rare da sembrare quasi mitiche, come gli unicorni.

Le aziende unicorno sono generalmente imprese di tecnologia, che utilizzano innovazioni avanzate per fornire nuovi servizi o prodotti a mercati esistenti o nuovi. Queste imprese sono spesso fondate da giovani imprenditori con idee innovative e ambiziose, che riescono a raccogliere grandi somme di finanziamento da investitori esterni.

Il termine "azienda unicorno" è diventato sempre più comune negli ultimi anni, poiché un numero crescente di start-up hanno raggiunto valutazioni da miliardi di dollari. Tuttavia, molti osservatori sottolineano che la valutazione delle aziende unicorno può essere soggetta a fluttuazioni significative in base alle condizioni del mercato e che non tutte le aziende unicorno riescono a raggiungere il successo a lungo termine.

Le fasi di costituzione di una start-up

Il processo di avvio di un'impresa può essere suddiviso in diverse fasi, ognuna delle quali richiede costi e tempi specifici. Di seguito, vediamo le fasi principali, i costi e i tempi stimati per l'avvio di un'impresa.

Fase di ideazione: in questa fase si ha l'idea di un'impresa e si effettua una prima valutazione della fattibilità del progetto. Il tempo necessario per questa fase varia a seconda della complessità del progetto, ma in genere va da alcune settimane a alcuni mesi. I costi di questa fase sono relativamente bassi e consistono principalmente in spese per ricerca di mercato, consulenze e registrazioni di brevetti.

Fase di pianificazione: in questa fase si sviluppa un piano d'impresa dettagliato che comprende analisi di mercato, definizione di obiettivi, elaborazione di strategie, definizione di processi e organizzazione aziendale. Questa fase richiede da uno a tre mesi di lavoro e i costi possono variare a seconda della complessità del piano e del tipo di consulenze necessarie.

Fase di costituzione: in questa fase si definisce la forma giuridica dell'impresa, si registra l'azienda presso il Registro delle Imprese e si ottengono tutte le autorizzazioni necessarie per l'avvio dell'attività. Questa fase richiede dai due ai quattro mesi e i costi includono le spese per la registrazione dell'azienda, l'iscrizione alla Camera di Commercio, l'ottenimento delle autorizzazioni e le spese legali.

Fase di avvio dell'attività: in questa fase si acquistano le attrezzature necessarie, si allestiscono gli spazi e si inizia a produrre o a fornire servizi. Questa fase richiede dai due ai sei mesi e i costi includono le spese per l'acquisto di attrezzature e materiali, l'affitto dei locali, l'assunzione del personale e la promozione dell'impresa.

Complessivamente, il tempo necessario per avviare un'impresa può variare da sei mesi a un anno o più, a seconda della complessità dell'attività e del tipo di autorizzazioni richieste. I costi possono variare molto, in base alle esigenze dell'impresa e ai costi del mercato. È importante, in ogni caso, tenere sotto controllo i costi e pianificare attentamente ogni fase dell'avvio dell'impresa per minimizzare i rischi e massimizzare le possibilità di successo.

Nel simulatore potrai scegliere la configurazione iniziale della tua azienda (capitale sociale, ruolo del proprietario, ubicazione e obiettivi). Una volta costituita l'azienda potrà accogliere dipendenti, macchinari e materie per la produzione.

Le diverse forme societarie in Italia

In Italia esistono diverse forme societarie tra cui:

Società a responsabilità limitata (SRL): è la forma societaria più diffusa in Italia. Si tratta di una società di capitali il cui capitale sociale è diviso in quote e i soci non rispondono personalmente per le obbligazioni della società.

Società per Azioni (SPA): è una società di capitali il cui capitale sociale è diviso in azioni. I soci non rispondono personalmente per le obbligazioni della società, ma solo fino al valore delle azioni sottoscritte.

SRL semplificata: è una forma di SRL che consente di costituire una società con un solo socio e un capitale sociale ridotto rispetto alla SRL tradizionale.

Società in accomandita semplice (SAS): è una società di persone in cui ci sono due categorie di soci: i soci accomandatari che gestiscono l'impresa e rispondono illimitatamente per le obbligazioni della società, e i soci accomandanti che partecipano al capitale sociale ma non partecipano alla gestione dell'impresa e non rispondono personalmente per le obbligazioni della società.

Società in accomandita per azioni (SAPA): è una forma di società mista tra la SPA e la SAS, in cui ci sono due categorie di soci: i soci accomandatari che gestiscono l'impresa e rispondono illimitatamente per le obbligazioni della società, e i soci accomandanti che partecipano al capitale sociale ma non partecipano alla gestione dell'impresa e non rispondono personalmente per le obbligazioni della società.

Società cooperativa: è una società di persone che ha come scopo la realizzazione di interessi comuni dei soci, mediante lo svolgimento di attività economiche in comune.

Impresa individuale: è una forma di impresa gestita da un'unica persona fisica che risponde personalmente e illimitatamente per le obbligazioni dell'impresa.

Questi sono solo alcune delle forme societarie previste dal diritto italiano. La scelta della forma societaria più adatta dipende dalle esigenze specifiche dell'impresa e dalle caratteristiche dei soci.

La differenza fra società di capitale e di persone

Le società di persone e quelle di capitali sono due forme giuridiche diverse per l'esercizio di un'attività economica.

La società di persone è una forma giuridica in cui i soci mettono in comune risorse e competenze per svolgere un'attività economica, rispondendo personalmente e illimitatamente delle eventuali perdite dell'impresa. Tra le società di persone più comuni in Italia ci sono la società in nome collettivo (SNC) e la società in accomandita semplice (SAS).

Le società di capitali, invece, sono forme giuridiche in cui la responsabilità dei soci è limitata al capitale investito nell'impresa. Questo significa che in caso di perdite dell'impresa, i soci non rischiano di perdere più di quanto hanno investito. Le società di capitali più comuni in Italia sono la società per azioni (SPA) e la società a responsabilità limitata (SRL).

In generale, le società di capitali offrono maggiori vantaggi in termini di limitazione della responsabilità dei soci, maggiore stabilità e continuità dell'impresa, e maggiori opportunità di accesso al credito. Tuttavia, le società di persone offrono maggiore flessibilità nella gestione dell'impresa, essendo meno vincolate dalle norme di legge, e maggiore libertà di decisione ai soci.

La scelta tra una società di persone e una di capitali dipende quindi dalle esigenze specifiche dell'impresa e dei suoi soci.

Il Business Plan

La creazione di un business plan è un passaggio fondamentale per chi intende avviare un'impresa, perché permette di valutare la fattibilità del progetto e di pianificare l'attività futura. Vediamo di seguito i passi principali per creare un business plan efficace:

Analisi della situazione di mercato: prima di tutto, è necessario effettuare un'analisi del mercato di riferimento, per capire il grado di concorrenza e le opportunità di mercato. Questa analisi prevede una valutazione dei trend di mercato, delle potenziali nicchie di mercato, dei competitors e delle opportunità di crescita.

Definizione degli obiettivi: una volta acquisita una conoscenza approfondita del mercato, è necessario definire gli obiettivi dell'impresa, sia a breve che a lungo termine. Questi obiettivi devono essere chiari, misurabili e raggiungibili.

Definizione della strategia: sulla base degli obiettivi definiti, è necessario definire la strategia da adottare per raggiungerli. In questo contesto, si dovranno definire le azioni da intraprendere, i prodotti o servizi da offrire, le modalità di commercializzazione e le attività di marketing.

Analisi dei costi e delle fonti di finanziamento: per avviare un'impresa, è necessario analizzare con attenzione i costi di investimento e di gestione e individuare le fonti di finanziamento disponibili. Questa analisi prevede anche una valutazione delle modalità di recupero dell'investimento.

Pianificazione operativa: sulla base delle strategie e degli obiettivi definiti, è necessario elaborare un piano operativo dettagliato, in cui si definiscono le attività da svolgere, i tempi e le modalità di realizzazione, nonché le risorse necessarie.

Analisi dei rischi: per minimizzare i rischi connessi all'avvio di un'impresa, è importante effettuare una valutazione delle possibili criticità e individuare le strategie per mitigarle o superarle.

Una volta definiti tutti questi elementi, si potrà passare alla redazione del business plan vero e proprio, che dovrà contenere tutti gli aspetti analizzati, descrivere l'attività e il team di lavoro, riportare i risultati dell'analisi di mercato, definire gli obiettivi, la strategia e le azioni operative, analizzare i costi e le fonti di finanziamento e individuare i rischi connessi all'attività.

Il business plan, oltre a essere uno strumento di supporto per l'avvio dell'impresa, può essere utilizzato anche per presentare il progetto a investitori, banche e altri soggetti interessati a valutare la fattibilità dell'idea imprenditoriale.

Un esempio di Business Plan potrebbe includere queste sezioni:

Sommario esecutivo: descrizione sintetica del progetto, degli obiettivi, delle risorse necessarie e dei risultati attesi.

Analisi del mercato: analisi del settore di riferimento, della concorrenza, dei clienti potenziali, delle tendenze di mercato e delle opportunità.

Analisi SWOT: identificazione dei punti di forza, delle debolezze, delle opportunità e delle minacce dell'impresa.

Strategia aziendale: definizione degli obiettivi a lungo termine, delle linee guida per raggiungerli e del posizionamento dell'impresa sul mercato.

Analisi finanziaria: stima dei costi e delle entrate, elaborazione del budget, previsione dei flussi di cassa, definizione degli investimenti necessari e dei finanziamenti disponibili.

Organizzazione e gestione: descrizione dell'organizzazione aziendale, delle funzioni e dei compiti dei diversi dipartimenti, delle modalità di gestione e del controllo dell'impresa.

Marketing e comunicazione: definizione della strategia di marketing, degli strumenti di comunicazione e delle azioni promozionali per promuovere il prodotto/servizio.

Analisi dei rischi: identificazione e valutazione dei rischi legati all'attività dell'impresa e delle misure da adottare per mitigarli.

Piano di sviluppo: definizione delle fasi di sviluppo dell'impresa, dei tempi, degli obiettivi e delle risorse necessarie.

Conclusioni: sintesi delle principali conclusioni del business plan e delle azioni da intraprendere per raggiungere gli obiettivi fissati.

Nel simulatore gestirai un'azienda manifatturiera di magliette t-shirt. Il prezzo medio di vendita del mercato è di $6.00, il tempo medio di consegna 2 giorni, la qualità pari al 70% e le condizioni di pagamento pari a 20giorni.

L'analisi strategica SWOT

L'analisi **SWOT** (acronimo di Strengths, Weaknesses, Opportunities e Threats) è uno strumento di pianificazione strategica utilizzato dalle aziende per valutare la loro posizione sul mercato. Consiste nell'analizzare le forze e le debolezze interne dell'azienda e le opportunità e le minacce esterne al fine di sviluppare una strategia aziendale efficace.

In particolare, l'analisi SWOT prevede l'identificazione di:

Punti di forza (Strengths): sono le caratteristiche positive dell'azienda, come la reputazione, l'esperienza, la tecnologia, il know-how e le risorse finanziarie.

Punti di debolezza (Weaknesses): sono le caratteristiche negative dell'azienda, come la mancanza di risorse, la scarsa qualità del prodotto, la reputazione negativa, la mancanza di know-how, la mancanza di innovazione e la mancanza di una chiara identità aziendale.

Opportunità (Opportunities): sono le situazioni esterne che possono rappresentare opportunità di crescita per l'azienda, come l'espansione del mercato, la liberalizzazione di regolamenti, la crescente domanda di prodotti simili e la presenza di nuovi mercati.

Minacce (Threats): sono le situazioni esterne che possono rappresentare una minaccia per l'azienda, come la presenza di concorrenti forti, la crisi economica, i cambiamenti nel mercato, i cambiamenti nelle politiche governative e le nuove tecnologie.

L'analisi SWOT consente all'azienda di sviluppare una strategia aziendale più efficace e di gestire meglio le opportunità e le minacce presenti sul mercato. In particolare, l'azienda può utilizzare le informazioni ottenute dall'analisi SWOT per identificare le proprie priorità strategiche, sviluppare obiettivi di business a breve e lungo termine, identificare le azioni correttive necessarie e pianificare gli investimenti necessari per raggiungere i propri obiettivi.

Dimensionamento aziendale

Il dimensionamento aziendale si riferisce alla scelta della dimensione ottimale dell'azienda in termini di risorse e capacità per raggiungere gli obiettivi aziendali. In altre parole, si tratta di determinare la dimensione ideale dell'azienda in relazione alle sue esigenze operative, ai suoi obiettivi di crescita, alle risorse disponibili e alle opportunità di mercato.

Il dimensionamento aziendale può essere influenzato da diversi fattori, tra cui la dimensione del mercato, il tipo di prodotto o servizio offerto, la capacità produttiva, la disponibilità di risorse finanziarie, la concorrenza, le esigenze di gestione del personale e la strategia aziendale.

Per esempio, se l'azienda opera in un mercato di nicchia con una domanda limitata, potrebbe essere vantaggioso mantenere una dimensione ridotta per ridurre i costi e massimizzare i profitti. Al contrario, se l'azienda opera in un mercato altamente competitivo e in crescita, potrebbe essere necessario espandersi per soddisfare la domanda del mercato e competere con altri player.

Inoltre, il dimensionamento aziendale non riguarda solo la dimensione fisica dell'azienda, ma anche l'organizzazione interna e la gestione delle risorse umane. Bisogna ad esempio considerare se l'azienda ha abbastanza personale, o se è necessario aumentare il numero di dipendenti o la loro qualifica, per poter svolgere tutte le attività e operare in modo efficiente.

In sintesi, il dimensionamento aziendale è un aspetto cruciale della gestione aziendale, poiché determina la dimensione ideale dell'azienda in termini di risorse, capacità e obiettivi di mercato. Una volta determinata la dimensione ideale, l'azienda può creare strategie adeguate per raggiungere i propri obiettivi aziendali.

Il simulatore permette di definire fino a 3 dimensioni aziendali a seconda della grandezza dell'edificio scelto. Sarà possibile espandarsi fino ad un massimo di 12 postazioni lavorative e 80,000 pezzi di stoccaggio.

Le fonti di finanziamento

Ci sono molte fonti di finanziamento che un'azienda può utilizzare per finanziare le sue operazioni e investimenti. Alcune delle principali fonti di finanziamento includono:

Capitale proprio: il capitale proprio si riferisce ai fondi investiti dagli azionisti dell'azienda. Questi fondi possono essere utilizzati per finanziare le operazioni correnti dell'azienda o per finanziare investimenti a lungo termine.

Debito: il debito si riferisce ai prestiti che l'azienda può ottenere da banche o altre istituzioni finanziarie. Questi prestiti possono essere a breve o lungo termine e possono essere garantiti o non garantiti.

Finanziamenti agevolati: in alcuni casi, un'azienda può beneficiare di finanziamenti agevolati, come prestiti a tasso agevolato o sovvenzioni governative, per sostenere le sue attività.

Finanziamento tramite leasing: il leasing è un contratto di locazione finanziaria attraverso il quale l'azienda può acquisire un bene senza doverlo acquistare direttamente. In questo caso, l'azienda paga un canone periodico al proprietario del bene.

Finanziamento tramite factoring: il factoring è un'operazione finanziaria attraverso la quale un'azienda cede i propri crediti commerciali a un intermediario finanziario, che si occupa di riscuoterli.

Investimenti di venture capital: gli investimenti di venture capital sono un tipo di finanziamento ottenuto da società che investono in aziende emergenti o in start-up. In questo caso, l'azienda riceve un finanziamento in cambio di una partecipazione azionaria.

Finanziamento tramite crowdfunding: il crowdfunding è una forma di finanziamento ottenuta attraverso la raccolta di denaro da un gran numero di persone attraverso piattaforme online.

Dilazionamento dei pagamenti: si ha quando i termini di pagamento delle fatture dei fornitori sono superiori al tempo medio di incasso delle fatture emesse ai clienti.

Il simulatore permette di usufruire di tutte le forme di finanziamento sopra citate, fatta eccezione per le venture capital e il crowdfunding.

Family, Friends and Fools (Famiglia, amici e folli)

I "3 Fools" del finanziamento delle start-up è un termine colloquiale utilizzato per riferirsi ai tre principali tipi di investitori che potrebbero non fare una valutazione accurata dei potenziali rischi e delle opportunità di investimento in una start-up. Questi tre tipi di investitori sono:

"**Friends and Family**" (amici e familiari) - Questi sono gli investitori che sono legati alla start-up da relazioni personali e potrebbero investire sulla base dell'affetto e dell'ottimismo piuttosto che su un'analisi obiettiva del progetto.

"**Fools of Wall Street**" - Questi sono gli investitori che sono influenzati dalle tendenze del mercato o dallo hype mediatico, e potrebbero investire in una start-up solo perché è di moda o perché la stanno investendo anche altri.

"**Angel Investors**" - Questi sono gli investitori individuali che forniscono finanziamenti alle start-up in fase iniziale e che potrebbero investire sulla base dell'entusiasmo e della passione per il progetto piuttosto che su una valutazione accurata dei rischi e delle opportunità.

Tuttavia, è importante notare che non tutti gli investitori rientrano in queste categorie e che molti investitori sono molto attenti alla valutazione degli investimenti in start-up. L'investimento in start-up comporta sempre un certo grado di rischio, ma con una valutazione accurata e una gestione adeguata, può portare a grandi ricompense per gli investitori e per la start-up stessa.

Come definire un obiettivo SMART

L'obiettivo SMART è un acronimo che viene utilizzato per definire una metodologia per la definizione di obiettivi chiari e misurabili. L'acronimo SMART sta per:

Specifico (Specific): l'obiettivo deve essere ben definito e specifico, non ambiguo o generico.

Misurabile (Measurable): l'obiettivo deve essere misurabile in modo da poter quantificare i progressi e i risultati.

Realizzabile (Achievable): l'obiettivo deve essere raggiungibile, realistico e fattibile.

Rilevante (Relevant): l'obiettivo deve essere pertinente e allineato con gli obiettivi a lungo termine dell'individuo o dell'organizzazione.

Temporizzato (Time-bound): l'obiettivo deve avere una scadenza definita, in modo da poter stabilire un piano d'azione e misurare il successo.

L'obiettivo SMART è una tecnica utile per la definizione di obiettivi che possono aiutare a guidare e motivare il successo delle persone e delle organizzazioni.

Il simulatore è configurato con 12 obiettivi numerici da raggiungere entro un arco limitato di tempo che va da 1 anno di vita aziendale fino a 3. I 12 obiettivi sono divisi in 4 aree: Produzione, Finanziario, Mercato e Risorse umane.

Ecco alcuni esempi di obiettivi:

- Produzione – Ordini evasi in tempo > 80%
- Finanziario – Indebitamento < 120%
- Mercato – Quota di mercato > 10%
- Risorse umane – Media ferie non godute < 5giorni

La locazione di un immobile

I costi per la locazione di un fabbricato industriale dipendono da diversi fattori, tra cui la posizione geografica, la dimensione del fabbricato, lo stato dell'immobile e la durata del contratto di locazione.

In generale, i costi per la locazione di un fabbricato industriale includono:

Canone di locazione: il canone di locazione rappresenta la somma di denaro che il locatario deve pagare al locatore per l'uso del fabbricato industriale. Il canone di locazione può essere stabilito in base ad un prezzo al metro quadro o ad un prezzo fisso per l'intero immobile.

Spese condominiali: le spese condominiali includono i costi di manutenzione, pulizia e gestione dell'immobile e delle parti comuni, come ad esempio i parcheggi, le aree verdi e le aree comuni. Queste spese sono suddivise tra tutti i condòmini e dipendono dalle dimensioni e dallo stato dell'immobile.

Tasse e imposte: in alcuni casi, le locazioni di immobili industriali possono essere soggette a tasse e imposte locali.

Costi di ristrutturazione: se il fabbricato industriale richiede lavori di ristrutturazione o di adeguamento alle normative vigenti, il locatario può dover sostenere i costi per queste attività.

Costi per le utenze: il locatario deve pagare le bollette relative alle utenze, come ad esempio l'energia elettrica, il gas e l'acqua, che vengono utilizzate per l'attività industriale.

Inoltre, il costo totale per la locazione di un fabbricato industriale può essere influenzato anche dalla durata del contratto di locazione. In genere, i contratti di locazione a lungo termine prevedono canoni di locazione più bassi rispetto a quelli a breve termine.

Le tre tipologie di immobili previste nel simulatore sono

- A: max 4 persone - 20.000 pezzi $ 800/mese
- B: max 8 persone - 50.000 pezzi $ 1.500/mese
- C: max 20 persone - 80.000 pezzi $ 2.500/mese

La scelta di una zona di prestigio comporta un aumento del 30% del canone di locazione. Al momento della locazione vengono conteggiati costi di intermediazione immobiliare pari al 15% del canone annuale e versate 3 mensilità a titolo di deposito cauzionale.

Mensilmente vengono conteggiati automaticamente i costi relativi alle utenze.

2. FORNITORI E PRODUZIONE

L'acquisto di scorte di materiali produttivi è un'attività critica per la gestione di un'azienda, poiché l'approvvigionamento efficiente di materie prime, componenti e forniture è fondamentale per garantire la continuità delle operazioni e la qualità del prodotto finale. Ecco alcuni dei fattori da considerare durante l'acquisto di scorte di materiali produttivi e la scelta dei fornitori:

Qualità: la qualità dei materiali è un fattore critico per la qualità del prodotto finale. I fornitori devono essere in grado di garantire la qualità dei materiali, attraverso certificazioni di qualità, test e controlli.

Prezzo: il prezzo dei materiali è un fattore importante da considerare, poiché ha un impatto diretto sulla redditività dell'azienda. Tuttavia, il prezzo non dovrebbe essere l'unico fattore considerato nella scelta dei fornitori, ma dovrebbe essere valutato in relazione alla qualità dei materiali e ai tempi di consegna.

Tempi di consegna: i tempi di consegna dei materiali sono importanti per garantire la continuità delle operazioni produttive. I fornitori devono essere in grado di rispettare i tempi di consegna stabiliti e di fornire un servizio affidabile e puntuale.

Affidabilità: l'affidabilità del fornitore è un fattore importante da considerare, poiché un fornitore affidabile può garantire la continuità dell'approvvigionamento dei materiali e ridurre i rischi di interruzioni produttive.

Capacità produttiva: la capacità produttiva del fornitore è importante per garantire la disponibilità dei materiali in caso di aumenti della domanda o di picchi stagionali.

Innovazione: i fornitori possono offrire materiali innovativi o tecnologie avanzate che possono migliorare la qualità o ridurre i costi dei prodotti. La capacità di innovazione dei fornitori può essere un fattore di differenziazione per l'azienda.

Supporto tecnico: i fornitori possono offrire supporto tecnico per aiutare l'azienda a utilizzare al meglio i materiali o a risolvere eventuali problemi tecnici.

Sostenibilità: la sostenibilità dei materiali e delle pratiche dei fornitori è diventata sempre più importante per le aziende che cercano di ridurre l'impatto ambientale e di soddisfare le esigenze dei clienti orientati alla sostenibilità.

Rapporti con il fornitore: i rapporti con il fornitore possono essere importanti per garantire una collaborazione a lungo termine e per ottenere condizioni di fornitura favorevoli. La creazione di rapporti di fiducia e di partnership può portare a vantaggi competitivi per l'azienda.

In generale, la scelta dei fornitori dovrebbe essere basata su una valutazione equilibrata dei fattori sopra elencati, al fine di selezionare i fornitori più adatti alle esigenze dell'azienda.

Nel simulatote i fornitori di materiali per la produzione vengono classificati in base a 4 fattori: costo, qualità, tempi di consegna e tempi di pagamento. È possibile influenzare la strategia legata alla sostenibilià aziendale direttamente nella sezione specifica.

Gli elementi di una fattura

Gli elementi fondamentali di una fattura includono:

Numero di fattura: un numero univoco assegnato alla fattura per facilitare la tracciabilità.

Data di emissione: la data in cui la fattura è stata emessa.

Dati del fornitore: il nome, l'indirizzo e il codice fiscale o partita IVA del fornitore.

Dati del cliente: il nome, l'indirizzo e il codice fiscale o partita IVA del cliente.

Descrizione dei prodotti o servizi forniti: una descrizione dettagliata dei beni o servizi forniti, inclusi il quantitativo, il prezzo e l'importo totale.

Prezzo unitario: il prezzo di ogni unità del prodotto o servizio fornito.

Totale imponibile: il totale dei prezzi unitari moltiplicati per il quantitativo dei prodotti o servizi forniti.

Aliquota IVA: l'aliquota dell'IVA applicata ai prodotti o servizi forniti.

Importo IVA: l'importo totale dell'IVA applicata ai prodotti o servizi forniti.

Totale fattura: l'importo totale della fattura, che include il totale imponibile e l'IVA.

Modalità di pagamento: le modalità di pagamento concordate tra il fornitore e il cliente.

Scadenza: la data di scadenza del pagamento.

I documenti di trasporto

I documenti di trasporto sono documenti che attestano il trasferimento di beni da un luogo a un altro. Ecco alcuni dei principali documenti di trasporto utilizzati:

DDT (Documento di Trasporto): è un documento fiscale che attesta il trasferimento di beni da un luogo ad un altro. Il DDT è obbligatorio per legge in Italia e deve essere emesso in triplice copia.

CMR (Convention Relative au Contrat de Transport International de Marchandises par Route): è un documento di trasporto utilizzato per il trasporto internazionale di merci su strada. È emesso dal vettore e deve essere firmato sia dal mittente che dal destinatario.

Bollettino di accompagnamento: è un documento di trasporto utilizzato per il trasporto di merci su ferrovia. Il bollettino di accompagnamento deve essere emesso in triplice copia e deve essere firmato sia dal mittente che dal destinatario.

AWB (Air Waybill): è un documento di trasporto utilizzato per il trasporto aereo di merci. L'AWB deve essere emesso dal vettore e deve essere firmato sia dal mittente che dal destinatario.

Bill of Lading (B/L): è un documento di trasporto utilizzato per il trasporto marittimo di merci. Il B/L è emesso dal vettore e attesta il trasferimento delle merci dal mittente al destinatario.

Lettera di vettura: è un documento di trasporto utilizzato per il trasporto di merci su autoveicoli. La lettera di vettura deve essere emessa in triplice copia e deve essere firmata sia dal mittente che dal destinatario.

Questi sono solo alcuni dei principali documenti di trasporto utilizzati in base alle diverse modalità di trasporto.

La gestione delle scorte

La gestione del magazzino e delle scorte si riferisce all'insieme di attività e processi che un'azienda adotta per gestire in maniera efficiente gli articoli e le merci presenti nel proprio magazzino.

In particolare, la gestione del magazzino comprende l'organizzazione fisica del magazzino, ovvero la disposizione dei prodotti, la definizione delle aree di stoccaggio, l'etichettatura dei prodotti e la gestione degli spazi. Inoltre, la gestione del magazzino include anche l'organizzazione dei processi di movimentazione delle merci, ovvero le attività di ricezione, stoccaggio, preparazione degli ordini, imballaggio e spedizione delle merci.

La gestione delle scorte invece si riferisce alla pianificazione e al controllo del livello di disponibilità delle merci presenti nel magazzino, in modo da evitare sia la carenza di prodotti che l'eccesso di scorte. La gestione delle scorte prevede l'analisi della domanda dei clienti, la definizione di un livello di scorta di sicurezza, l'identificazione dei prodotti da rifornire e la pianificazione degli ordini di acquisto.

Una corretta gestione del magazzino e delle scorte è importante per l'efficienza e la competitività dell'azienda, in quanto permette di evitare la perdita di vendite a causa della carenza di prodotti, di ridurre i costi di magazzinaggio e di minimizzare il rischio di obsolescenza delle scorte. Inoltre, una buona gestione del magazzino può consentire di migliorare la soddisfazione del cliente, riducendo i tempi di consegna e aumentando la disponibilità dei prodotti richiesti.

Le tecniche di gestione delle scorte sono metodi utilizzati dalle aziende per gestire il livello delle scorte e l'approvvigionamento di materie prime, componenti e prodotti finiti. Le due tecniche di gestione delle scorte più comuni sono:

LIFO (Last In, First Out): questo metodo prevede che le ultime scorte acquisite siano le prime a essere vendute o utilizzate. In altre parole, il metodo LIFO considera che le merci più recenti sono quelle rimaste in magazzino e che quindi devono essere vendute per prime. Questo metodo è spesso utilizzato in periodi di inflazione, poiché le merci acquistate più di recente hanno un costo maggiore.

FIFO (First In, First Out): questo metodo prevede che le prime scorte acquisite siano le prime a essere vendute o utilizzate. In altre parole, il metodo FIFO considera che le merci più vecchie sono quelle rimaste in magazzino e che quindi devono essere vendute per prime. Questo metodo è spesso utilizzato in periodi di deflazione, poiché le merci acquistate più di recente hanno un costo inferiore.

Oltre a LIFO e FIFO, ci sono altre tecniche di gestione delle scorte, tra cui:

Metodo del costo medio ponderato: questo metodo prevede che il costo delle scorte sia calcolato sulla base della media ponderata del costo di acquisto delle diverse quantità di materiale o prodotto finito. In questo modo, il costo delle scorte riflette il costo medio dei materiali acquisiti.

Metodo del riordino periodico: questo metodo prevede che le scorte siano riordinate in un determinato intervallo di tempo, in base al livello di scorte minimo prestabilito. In questo modo, l'azienda può ridurre il rischio di esaurimento delle scorte e ottimizzare l'approvvigionamento.

Metodo del riordino a punto fisso: questo metodo prevede che le scorte vengano riordinate quando il livello delle scorte raggiunge un certo punto di riordino prestabilito. In questo modo, l'azienda può ridurre il rischio di esaurimento delle scorte e garantire una disponibilità costante di materie prime o prodotti finiti.

In generale, la scelta della tecnica di gestione delle scorte dipende dalle esigenze specifiche dell'azienda e dal tipo di prodotto o servizio offerto. È importante considerare i costi di magazzino, i tempi di consegna dei fornitori e la domanda del mercato per determinare la tecnica di gestione delle scorte più efficace.

Il simulatore permette di gestire sia le scorte con il metodo LIFO che FIFO. La capacità del magazzino è costantemente aggiornata in base ai livelli di stoccaggio delle materie prime e dei prodotti finiti. Un eccesso di acquisti di materiali per la produzione comporterà costi di stoccaggio aggiuntivi.

JIT

JIT (Just-In-Time) è una metodologia di gestione della produzione e della logistica che si basa sulla consegna dei materiali e delle componenti necessarie alla produzione esattamente al momento in cui ne è richiesta la necessità, senza creare scorte inutili.

Il sistema JIT è basato sull'idea di ridurre al minimo i tempi e gli sprechi di produzione attraverso una pianificazione precisa delle attività di produzione, una gestione ottimizzata della logistica e un controllo costante dei flussi di materiale e di informazioni.

In pratica, il sistema JIT prevede che la produzione inizi solo quando un ordine è stato effettuato da un cliente, e che i materiali necessari alla produzione vengano consegnati in modo da arrivare esattamente al momento in cui devono essere utilizzati. In questo modo, si riduce al minimo la quantità di materiale e di prodotto in magazzino, evitando scorte inutili e costose.

Il sistema JIT richiede una collaborazione stretta tra i fornitori e l'azienda, una pianificazione dettagliata delle attività di produzione, un controllo costante della qualità e della quantità di materiale in magazzino, e un utilizzo ottimizzato delle risorse disponibili. Se implementato correttamente, il sistema JIT può portare a una maggiore efficienza, a una riduzione dei costi e a un miglioramento della qualità del prodotto.

Import ed export

Il processo di import ed export di prodotti e materie prevede la gestione di una serie di aspetti complessi e variegati. Di seguito sono elencati alcuni degli aspetti più importanti che devono essere considerati durante questo processo:

Normative e regolamenti: le esportazioni e le importazioni sono soggette a normative e regolamenti specifici, che devono essere rispettati per evitare sanzioni e multe. È importante conoscere le norme nazionali ed internazionali che regolano il commercio, come i regolamenti doganali, le licenze e i requisiti di etichettatura.

Documentazione: la documentazione è un aspetto fondamentale dell'import ed export. La corretta compilazione di documenti come la fattura commerciale, il bollettino di spedizione, il certificato di origine e il documento di trasporto è necessaria per la buona riuscita del processo.

Trasporto e logistica: la scelta del metodo di trasporto e della modalità logistica dipende dal tipo di prodotto, dal paese di destinazione e dalla tempistica richiesta. Bisogna considerare anche i costi e la sicurezza dei prodotti durante il trasporto.

Pagamenti e assicurazioni: gli importatori ed esportatori devono essere consapevoli delle diverse opzioni di pagamento, come la carta di credito, il bonifico bancario o le lettere di credito. Inoltre, è importante considerare le assicurazioni di carico e di responsabilità civile per evitare eventuali perdite finanziarie.

Gestione del rischio: il commercio internazionale comporta dei rischi come la volatilità dei tassi di cambio, il rischio di credito e il rischio di insolvenza. È importante avere un piano di gestione del rischio per minimizzare l'impatto di questi rischi sul business.

Cultura e comunicazione: gli importatori ed esportatori devono essere consapevoli delle differenze culturali tra i paesi, come i valori, le norme sociali e le abitudini di lavoro. Una corretta comunicazione e la comprensione delle differenze culturali sono fondamentali per il successo delle operazioni commerciali internazionali.

Questi sono solo alcuni degli aspetti da considerare durante il processo di import ed export. La gestione efficace di questi fattori può contribuire a migliorare la competitività e la redditività dell'azienda.

Produttività

La produttività aziendale si riferisce alla capacità di un'azienda di produrre beni o servizi utilizzando al meglio le risorse a sua disposizione, ovvero ottenendo il massimo risultato con il minimo sforzo. La produttività è un indicatore di efficienza aziendale e può essere misurata in diversi modi, ad esempio in termini di quantità di produzione per unità di tempo, di fatturato per dipendente o di profitto per unità di capitale investito.

Una buona produttività aziendale è importante per il successo dell'azienda, in quanto permette di aumentare la produzione, ridurre i costi, migliorare la qualità del prodotto e aumentare la competitività sul mercato. Un'azienda che è in grado di migliorare la propria produttività può ottenere maggiore efficienza e rendere più redditizio il proprio business.

Per aumentare la produttività, le aziende possono adottare diverse strategie, ad esempio l'automatizzazione dei processi, l'ottimizzazione della catena di approvvigionamento, l'implementazione di tecnologie avanzate, l'investimento nella formazione dei dipendenti e l'adozione di politiche di incentivazione e di motivazione del personale.

La produttività viene solitamente espressa con la formula

Unità / Tempo

Nel simulatore verrà conteggiata la produttività totale giornaliera. Ad esempio: 400 pezzi al giorno.
Ciò rappresenta la capacità produttiva dell'intero impianto. È comunque possibile esprimere la produttività anche in termini di lavoratore. Se ad esempio 450 pezzi sono stati processati da 5 operai in 8 ore di turno la produttività potrà essere espressa come

Unità / Totale ore lavorate
400 / (5 operai * 8 ore = 40) = 10 magliette per ora lavorata per impiegato.

Questa metrica permette di valutare le prestazioni del singolo dipendente per identificare necessità di maggiore formazione o per premiare i risultati ottenuti.

Una produttività alta comporta un costo di produzione unitario minore. Ciò è dovuto al fatto che i costi fissi dell'azienda (salari, affitti, spese contabili, etc) vengono distribuiti su più unità.

Vediamo un esempio numerico

L'azienda A ha costi fissi per $1,000 al giorno e costi variabili per $1 al pezzo. Il prezzo di vendita dei prodotti è di $5 al pezzo. La produttività massima è di 400 pezzi al giorno. La produzione effettiva media è di 360 unità.

Il costo di produzione per una settimana sarà pertanto:
Costi fissi : $1,000 * 5 giorni = $5,000
Costi variabili: $1 * 360 unità * 5 giorni = $1,800
Totale costi = $6,800
Totale pezzi = 360 * 5 = 1,800
Costo unitario = $6,800 / 1,800 = $3.77 al pezzo
Margine per unità = $5 - $3.77 = $1.23

Nel caso in cui un ritardo nelle consegne di materiali ha interrotto la la produzione per un giorno avremmo il seguente scenario

Il costo di produzione per una settimana sarà pertanto:
Costi fissi : $1,000 * 5 giorni = $5,000
Costi variabili: $1 * 360 unità * 4 giorni = $1,440
Totale costi = $6,440
Totale pezzi = 360 * 4 = 1,440
Costo unitario = $6,440 / 1,440 = $4.47 al pezzo
Margine per unità = $5 - $4.47 = $0.53

Come abbiamo visto la marginalità è passata da $1.23 a $.053.

Nel caso in cui la produzione fosse stata interrotta per 2 giorni la marginalità sarebbe stata negativa -$0.62, ovvero si sarebbero venduti i prodotti sotto costo (**o in perdita**).

La produttività è uno dei fattori chiave nel simulatore. Essa tiene conto di: qualità dei materiali, presenze, livello di anzianità degli operai, numero e tipo di macchinari, livello delle scorte, ferie, pause, formazioni ricevute e livello di soddisfazione dei dipendenti. I grafici riportano in tempo reali la produttività massima nominale e quella effettiva.

Esternalizzazione della produzione

L'esternalizzazione della produzione è una pratica di gestione aziendale che consiste nell'affidare a terzi alcune o tutte le attività di produzione di un'azienda. In questo modo, l'azienda può concentrarsi sulle sue attività principali e lasciare ad altre aziende specializzate la gestione delle attività produttive.

L'esternalizzazione della produzione può coinvolgere diversi processi, come la progettazione, l'acquisto di materie prime, la fabbricazione, la logistica e la distribuzione dei prodotti finiti. In genere, l'azienda che esternalizza la produzione lavora con un fornitore esterno, che si assume la responsabilità della produzione, della qualità e della consegna dei prodotti.

Tra i vantaggi dell'esternalizzazione della produzione vi sono la riduzione dei costi, la flessibilità, la possibilità di accedere a risorse specializzate, l'eliminazione di problemi di gestione delle risorse umane e la concentrazione sulle attività principali dell'azienda.

Tuttavia, l'esternalizzazione della produzione può comportare anche alcuni rischi, come la perdita di controllo sulla qualità, la perdita di know-how e la vulnerabilità a problemi di supply chain, come ritardi nella consegna o problemi di qualità dei prodotti.

In generale, la decisione di esternalizzare la produzione dipende dalle esigenze specifiche dell'azienda e dalle opportunità presenti sul mercato. L'azienda deve valutare attentamente i costi e i benefici dell'esternalizzazione e assicurarsi di scegliere un fornitore affidabile e di qualità per garantire il successo dell'operazione.

3PL

3PL è l'acronimo di "Third-Party Logistics" (logistica di terze parti). Si tratta di un tipo di servizio logistico in cui un'azienda utilizza i servizi di un provider esterno (3PL provider) per gestire alcune o tutte le proprie attività di logistica.

In pratica, il 3PL provider si occupa di gestire la catena di approvvigionamento dell'azienda cliente, prendendo in carico le attività di trasporto, magazzinaggio, distribuzione, gestione degli inventari, e altre funzioni logistiche, in modo da liberare l'azienda cliente da queste attività e consentirgli di concentrarsi sulle proprie attività principali.

I servizi offerti dai provider 3PL possono variare notevolmente, da servizi di base come il trasporto e il magazzinaggio, a servizi più avanzati come la gestione degli ordini, la pianificazione della produzione e la gestione dei resi.

Tra i vantaggi del 3PL vi sono:

Riduzione dei costi: l'azienda cliente può ridurre i costi di logistica esternalizzando le attività a un provider 3PL, che ha una maggiore capacità di negoziazione sui costi di trasporto, gestione degli inventari, ecc.

Flessibilità: l'azienda cliente può adattarsi più facilmente alle variazioni di domanda e alle fluttuazioni del mercato utilizzando i servizi di un provider 3PL, che ha la flessibilità di adattarsi alle esigenze dell'azienda cliente.

Focus sulla core business: l'azienda cliente può concentrarsi sulla propria attività principale, lasciando al provider 3PL le attività di logistica.

In generale, l'utilizzo di un provider 3PL può essere una strategia efficace per le aziende che desiderano ridurre i costi di logistica, migliorare la flessibilità e concentrarsi sulla propria attività principale.

3. MARKETING

Le leve di mercato (Marketing mix)

Le leve del marketing, o mix di marketing, sono un insieme di variabili che le aziende possono utilizzare per influenzare il comportamento del consumatore e raggiungere i propri obiettivi di marketing. Le 4 leve tradizionali del marketing sono:

Prodotto: si riferisce alle caratteristiche e alle funzionalità del prodotto o servizio offerto dall'azienda. La strategia del prodotto si concentra su come creare, posizionare e gestire il prodotto per soddisfare i bisogni e le aspettative dei clienti.

Prezzo: si riferisce al valore monetario del prodotto o servizio e alla strategia di prezzo utilizzata dall'azienda. La strategia di prezzo può influenzare la percezione del valore del prodotto o servizio da parte del consumatore e può anche influire sulla sua decisione di acquisto.

Promozione: si riferisce a tutte le attività di marketing utilizzate per promuovere il prodotto o servizio, come pubblicità, promozioni, relazioni pubbliche, marketing diretto e vendite personali. La strategia di promozione è importante per raggiungere il pubblico target e creare consapevolezza del prodotto o servizio offerto dall'azienda.

Distribuzione: si riferisce ai canali di distribuzione utilizzati dall'azienda per far arrivare il prodotto o servizio al cliente finale. La strategia di distribuzione include la selezione dei canali di vendita e la gestione della catena di distribuzione, al fine di garantire che il prodotto o servizio sia disponibile e accessibile al pubblico target.

Negli ultimi anni, sono state aggiunte altre leve del marketing per riflettere l'evoluzione del mercato e delle tecnologie, come ad esempio:

Personas: si riferisce all'identificazione dei diversi profili di clienti e alla personalizzazione delle attività di marketing in base alle loro esigenze e comportamenti.

Prova sociale: si riferisce all'utilizzo di testimonianze e recensioni positive dei clienti per aumentare la fiducia e la credibilità del prodotto o servizio.

Processi: si riferisce alla gestione dei processi interni dell'azienda per garantire un'esperienza di acquisto efficiente e piacevole per il cliente.

Presenza: si riferisce alla presenza dell'azienda sui canali digitali, come i social media e il sito web, e alla creazione di contenuti utili e interessanti per i clienti.

Partnership: si riferisce alla collaborazione con altre aziende o organizzazioni per raggiungere obiettivi comuni di marketing e di business.

Nel simulatore è possibile modificare la propria strategia facendo leva sui seguenti fattori: prezzo, tempi di consegna, tempi di pagamento, qualità, presenza, promozione e partnership (nel caso di contratto di licenza per contenuti coperti da copyright).

Per guadagnare in reputazione e migliorare il flusso di cassa specialmente nelle fasi iniziali potrebbe essere necessario vendere sotto prezzo (o in perdita), questo tipo di strategia può essere usato come forma di investimento in promozione, in quanto crea i presupposti per future vendite a prezzi di mercato.

AIDA

AIDA è un acronimo utilizzato nel marketing che rappresenta le quattro fasi fondamentali del processo di vendita di un prodotto o servizio: Attenzione, Interesse, Desiderio, Azione.

Attenzione: è la fase iniziale del processo di vendita, durante la quale l'obiettivo è attirare l'attenzione del potenziale cliente e catturare la sua curiosità rispetto al prodotto/servizio offerto dall'azienda.

Interesse: una volta catturata l'attenzione, l'obiettivo è mantenere l'interesse del potenziale cliente e far sì che capisca come il prodotto/servizio potrebbe rispondere alle sue esigenze.

Desiderio: una volta suscitato l'interesse del potenziale cliente, l'obiettivo diventa far nascere il desiderio di possedere il prodotto/servizio. Ciò può avvenire attraverso l'offerta di benefici unici o la creazione di un'esperienza d'acquisto coinvolgente.

Azione: l'obiettivo finale è quello di indurre il potenziale cliente ad agire, ovvero a procedere all'acquisto del prodotto/servizio. Questa fase può richiedere l'offerta di incentivi o la creazione di un senso di urgenza per spingere il potenziale cliente a prendere una decisione d'acquisto.

L'utilizzo di questo modello può aiutare le aziende a capire meglio il comportamento dei loro clienti potenziali e a sviluppare strategie di marketing efficaci per convertire i potenziali clienti in clienti effettivi.

Canali promozionali

Ci sono diversi canali promozionali che le aziende possono utilizzare per promuovere i propri prodotti o servizi. Alcuni dei canali promozionali più comuni e diffusi includono:

Pubblicità: la pubblicità è una forma di comunicazione di marketing che utilizza mezzi di comunicazione di massa, come la televisione, la stampa, la radio, i banner online, per promuovere un prodotto o servizio.

Promozioni delle vendite: le promozioni delle vendite includono sconti, offerte speciali, buoni sconto e programmi fedeltà, con l'obiettivo di stimolare le vendite e di incentivare i clienti a provare o acquistare un prodotto o servizio.

Marketing diretto: il marketing diretto prevede l'utilizzo di comunicazioni personalizzate per interagire con il pubblico di riferimento. Può essere realizzato attraverso campagne di email marketing, telemarketing, direct mail e messaggi di testo.

Relazioni pubbliche: le relazioni pubbliche sono una forma di comunicazione strategica che mira a promuovere la reputazione dell'azienda o del prodotto attraverso la gestione delle relazioni con i media, gli influencer, gli stakeholder e il pubblico.

Social media marketing: il social media marketing prevede l'utilizzo dei social media, come Facebook, Instagram, Twitter e LinkedIn, per raggiungere il pubblico di riferimento e promuovere i prodotti o servizi dell'azienda.

Eventi ed esperienze: gli eventi ed esperienze includono fiere, mostre, workshop, eventi di lancio di prodotto, esperienze di brand immersion, con l'obiettivo di promuovere l'azienda e i suoi prodotti o servizi.

Pubblicità esterna: la pubblicità esterna utilizza mezzi pubblicitari, come cartelloni pubblicitari, tram, autobus e taxi per raggiungere il pubblico di riferimento e promuovere il prodotto o servizio.

Sponsorizzazioni: le sponsorizzazioni includono l'associazione dell'azienda o del prodotto con un evento, un'organizzazione o una causa, con l'obiettivo di promuovere il prodotto o servizio e migliorare la reputazione dell'azienda.

La scelta dei canali promozionali dipende dalle esigenze specifiche dell'azienda e del prodotto o servizio offerto, dal target di riferimento e dal budget disponibile. Solitamente, le strategie di marketing prevedono l'utilizzo di una combinazione di più canali promozionali per massimizzare la visibilità e l'efficacia della campagna.

Nel simulatore sono presenti 6 diverse forme di promozione: newsletters, riviste di settore, social networks, motori di ricerca, cartellonistica stradale e visite ai clienti.

L'attivazione di ognuno dei canali permetterà di accedere ad una maggiore quota di potenziali clienti.

Guerrilla marketing

Il guerrilla marketing è una strategia di marketing non convenzionale, che si basa sull'utilizzo di mezzi creativi, originali e a basso costo per promuovere un prodotto o un'idea, in modo da catturare l'attenzione del pubblico e generare un effetto virale.

L'obiettivo è quello di ottenere un alto impatto con poche risorse, spesso utilizzando tecniche sorprendenti, insolite, irriverenti o provocatorie, che creano un forte coinvolgimento emotivo nei consumatori e generano buzz marketing (passaparola).

Il guerrilla marketing può essere realizzato attraverso diversi canali, come eventi, pubblicità non convenzionale, social media, street marketing, sponsorizzazioni, viral marketing, marketing esperienziale e altri mezzi creativi.

Questo tipo di marketing è particolarmente adatto alle piccole imprese, alle start-up e a quelle aziende che vogliono distinguersi dalla concorrenza con un approccio innovativo e originale, ma può essere utilizzato anche da aziende di maggiori dimensioni per promuovere lanci di nuovi prodotti o iniziative particolari.

Sostenibilità ambientale

L'impatto della sostenibilità ambientale sulla gestione aziendale è diventato sempre più importante negli ultimi anni. La sostenibilità ambientale si riferisce alla capacità di soddisfare le esigenze del presente senza compromettere la capacità delle generazioni future di soddisfare le proprie. La gestione aziendale sostenibile si concentra sulla creazione di valore a lungo termine per l'azienda, i suoi stakeholder e l'ambiente in cui opera.

Ci sono diversi modi in cui la sostenibilità ambientale può influenzare la gestione aziendale:

Riduzione dei costi: le aziende possono ridurre i costi di produzione implementando pratiche sostenibili, come l'uso di energia rinnovabile, la riduzione del consumo di acqua e la riduzione dei rifiuti. Inoltre, l'implementazione di strategie di sostenibilità può aiutare a evitare multe e sanzioni legate a violazioni delle normative ambientali.

Miglioramento dell'immagine dell'azienda: l'implementazione di pratiche sostenibili può migliorare l'immagine dell'azienda e la reputazione, facendo percepire l'azienda come responsabile e impegnata nella tutela dell'ambiente.

Aumento dell'efficienza operativa: l'adozione di strategie di sostenibilità può migliorare l'efficienza operativa dell'azienda, ad esempio attraverso l'uso di tecnologie efficienti e la riduzione del consumo di risorse.

Miglioramento delle relazioni con i clienti: i clienti sono sempre più attenti all'impatto ambientale dei prodotti e servizi che acquistano. Le aziende che adottano pratiche sostenibili possono quindi migliorare la relazione con i propri clienti, offrendo prodotti e servizi rispettosi dell'ambiente.

Accesso a finanziamenti e investimenti: sempre più investitori e finanziatori sono interessati a sostenere aziende che adottano pratiche sostenibili. Le aziende che adottano strategie di sostenibilità possono quindi accedere a fonti di finanziamento e investimento che altrimenti non sarebbero disponibili.

In sintesi, la sostenibilità ambientale ha un impatto significativo sulla gestione aziendale, non solo in termini di sostenibilità ambientale, ma anche in termini di efficienza operativa, relazioni con i clienti e accesso a finanziamenti e investimenti. Le aziende che adottano pratiche sostenibili possono migliorare la loro performance complessiva e creare valore a lungo termine per tutti gli stakeholder.

Nel simulatore potrai trovare 4 attività legate alla sostenibilità ambientale: cultura aziendale e impianti per il risparmio energetico, piantagione di alberi, energie rinnovabili e uso di fornitori sostenibili.

Reputazione aziendale

La reputazione aziendale ha un impatto significativo sul successo e sulla sostenibilità di un'impresa. Una buona reputazione può portare a un aumento della fiducia dei clienti, degli investitori e dei dipendenti, mentre una cattiva reputazione può comportare un calo delle vendite, la perdita di investitori e la difficoltà a reclutare talenti.

Ecco alcuni esempi specifici di come la reputazione aziendale può influenzare un'impresa:

Fiducia del cliente: I clienti preferiranno fare affari con un'azienda con una buona reputazione piuttosto che con un'azienda con una cattiva reputazione. La reputazione dell'azienda può influenzare le decisioni di acquisto dei clienti, nonché la loro volontà di raccomandare l'azienda ad altri.

Reclutamento: I candidati al lavoro sono influenzati dalla reputazione dell'azienda. Le aziende con una buona reputazione avranno maggiori probabilità di attirare candidati altamente qualificati, mentre quelle con una cattiva reputazione possono lottare per reclutare i migliori talenti.

Investimenti: Gli investitori considerano la reputazione dell'azienda prima di investire in essa. Un'azienda con una buona reputazione può attirare più investimenti, mentre una cattiva reputazione può scoraggiare gli investitori.

Relazioni con i media: La reputazione dell'azienda può influenzare la copertura dei media. Le aziende con una buona reputazione possono ottenere una copertura positiva, mentre quelle con una cattiva reputazione possono attirare copertura negativa.

In sintesi, la reputazione aziendale ha un forte impatto sull'immagine e sul successo di un'impresa. Le aziende dovrebbero quindi fare del loro meglio per costruire e mantenere una buona reputazione, attraverso l'adozione di buone pratiche di business e la gestione efficace delle relazioni con i clienti, gli investitori, i dipendenti e i media.

Nel simulatore la reputazione gioca un ruolo fondamentale. Essa ha un impatto:

- l'acquisizione di nuovi talenti durante la fase di assunzione
- le condizioni di vendita da parte dei fornitori
- incremento delle vendite

I principali fattori che contribuiscono a costruire una reputazione sono: puntualità nei pagamenti, dimensione aziendale, posizione, qualità dei prodotti, sostenibilità ambientale, coinvolgimento nella comunità, puntualità nelle consegne, presenza sui media.

Coinvolgimento nella comunità

Il coinvolgimento nella comunità può essere molto importante per l'azienda in diversi modi:

Miglioramento della reputazione: Il coinvolgimento dell'azienda nella comunità può aumentare la sua reputazione, poiché dimostra l'impegno dell'azienda per il bene comune.

Maggiore visibilità: L'azienda può acquisire maggiore visibilità attraverso il coinvolgimento nella comunità, ad esempio partecipando a eventi locali, sponsorizzando attività e organizzando eventi.

Miglioramento delle relazioni con i clienti: Il coinvolgimento nell'ambito della comunità può aiutare l'azienda a sviluppare rapporti positivi con i clienti, poiché dimostra la sua preoccupazione per il benessere della comunità.

Maggiore impegno dei dipendenti: I dipendenti possono sentirsi più coinvolti e motivati se l'azienda sostiene la comunità in cui lavorano.

Miglioramento delle relazioni con le autorità locali: L'azienda può migliorare le sue relazioni con le autorità locali attraverso il coinvolgimento nella comunità, poiché dimostra un impegno per il benessere della comunità e può portare a una maggiore cooperazione tra l'azienda e le autorità locali.

Opportunità di business: Il coinvolgimento nella comunità può portare ad opportunità di business, poiché l'azienda può entrare in contatto con altri membri della comunità che potrebbero diventare clienti o partner commerciali.

In sintesi, il coinvolgimento nella comunità può portare ad una serie di benefici per l'azienda, tra cui il miglioramento della reputazione, una maggiore visibilità, migliori relazioni con i clienti e con le autorità locali, un maggiore impegno dei dipendenti e opportunità di business.

Nel simulatore sono previste 4 attività a sostegno della presenza nella comunità locale: donazioni di prodotti, donazioni finanziarie, sponsorizzazioni di squadre locali e partecipazione ad eventi sul territorio.

4. VENDITE

Il processo di vendita

Le fasi di un processo di vendita possono variare leggermente in base all'azienda e al settore, ma di solito seguono una sequenza simile di passaggi generali:

Prospezione: questa fase riguarda la ricerca di potenziali clienti e l'identificazione delle loro esigenze e problemi.

Qualificazione: in questa fase, l'obiettivo è identificare i clienti potenziali più promettenti, in base ai loro bisogni e al loro potenziale di acquisto.

Presentazione: durante questa fase, il venditore presenta la soluzione al cliente potenziale, evidenziando i benefici e le caratteristiche del prodotto o servizio offerto.

Gestione delle obiezioni: in questa fase, il venditore ascolta e risponde alle obiezioni del cliente potenziale, cercando di superare eventuali preoccupazioni o dubbi che potrebbero impedire l'acquisto.

Chiusura: in questa fase, il venditore chiede all'acquirente potenziale di effettuare l'acquisto o di intraprendere azioni specifiche, ad esempio la firma di un contratto.

Follow-up: dopo la chiusura, il venditore deve continuare a seguire il cliente per assicurarsi che sia soddisfatto del prodotto o servizio acquistato e per verificare se ci sono ulteriori bisogni o opportunità di vendita.

In sintesi, le fasi del processo di vendita includono la ricerca dei potenziali clienti, l'identificazione delle esigenze dei clienti, la presentazione della soluzione, la gestione delle obiezioni, la chiusura della vendita e il follow-up.

La profilazione dei clienti

I maggiori fattori di profilazione dei clienti possono variare a seconda del settore di riferimento e degli obiettivi dell'azienda, ma in generale si possono individuare alcuni elementi comuni.

Anagrafica: informazioni demografiche come l'età, il genere, la posizione geografica, la situazione familiare e professionale.

Comportamentale: dati relativi al comportamento d'acquisto del cliente come la frequenza d'acquisto, l'importo medio speso, il canale d'acquisto preferito, i prodotti o servizi acquistati e l'utilizzo degli stessi.

Psicologico: informazioni relative alle preferenze, ai desideri, ai valori e alle motivazioni dei clienti.

Sociale: informazioni riguardanti il contesto sociale, le relazioni e le influenze a cui il cliente è esposto.

Tecnologico: informazioni relative all'utilizzo di dispositivi tecnologici, social network e canali digitali.

Contestuale: dati relativi alle attività recenti del cliente, come la ricerca online di prodotti simili o la partecipazione ad eventi correlati.

L'analisi di questi fattori permette di creare una panoramica completa del cliente, individuando i suoi bisogni, le sue preferenze e le sue abitudini di acquisto, in modo da poter sviluppare strategie di marketing e vendita mirate.

Nel simulatore ogni cliente assegna un peso agli elementi caratteristici dell'offerta di prodotti.

Gli elementi sono: qualità, reputazione, tempi di consegna, tempi di pagamento e, ovviamente prezzo.

Azienda	Qualità	Prezzo	Tempi di consegna	Termini di pagamento	Reputazione
A	55	6	3gg	22gg	60
B	65	7	1gg	20gg	50
Vince	B	A	B	A	A
Punti	5	3	2	1	1

Immaginiamo che il cliente C valuti le offerte assegnando: 5 punti alla qualità, 3 al prezzo, 2 ai tempi di consegna, 1 ai termini di pagamento e 1 alla reputazione.

Sommando i punti per i due fornitori vedremo che A ha totalizzato 5 punti (3 prezzo + 1 termini di pagamento + 1 reputazione) in 3 aree, mentre B ha totalizzato 7 punti (5 in qualità + 2 in tempi di consegna).

In questo caso il fornitore B vincerà la vendita. Un diverso risultato a favore di A sarebbe potuto accadere per un cliente più attento ai costi che non alla qualità.

È perciò importante capire su quali elementi sono più importanti per il target di riferimento in modo da poter migliorare specifiche aree a discapito di altre al fine di massimizzare la quota di mercato.

Inoltre le priorità date dai clienti sono dinamiche e possono variare durante il tempo. Un tipico caso è dato dai prodotti con una forte componente di stagionalità. In cui i tempi di consegna rappresentano un fattore decisivo nei periodi di alta stagione rispetto al resto dell'anno.

I canali di vendita

I principali canali di vendita sono:

Vendita diretta: attraverso il contatto personale con il cliente, che può avvenire tramite visite commerciali, fiere, eventi o dimostrazioni a domicilio.

Vendita al dettaglio: attraverso punti vendita fisici come negozi, centri commerciali o supermercati.

Vendita online: attraverso piattaforme e-commerce o siti web dell'azienda.

Vendita tramite agenti: attraverso agenti di vendita che agiscono per conto dell'azienda, ricevendo una commissione sulle vendite effettuate.

Vendita tramite distributori: attraverso distributori che acquistano i prodotti dall'azienda per poi rivenderli ai propri clienti.

Vendita tramite telemarketing: attraverso il contatto telefonico con il cliente, che può avvenire tramite call center o in autonomia grazie all'automazione di processi di marketing e vendita.

Vendita tramite app: attraverso applicazioni per smartphone e tablet, che consentono agli utenti di acquistare prodotti e servizi in modo semplice e immediato.

La scelta del canale di vendita dipende dalle caratteristiche dell'azienda, dei prodotti o servizi offerti e delle preferenze del pubblico di riferimento.

Nel simulatore avrai a disposizione principalmente la vendita tramite distributori e venditori in un contesto principalmente B2B (da Azienda ad Azienda – Business to Business).

Conto vendita

Il conto vendita è una forma di collaborazione commerciale tra un venditore e un negozio o un'azienda che si occupa della vendita dei prodotti del venditore stesso. In pratica, il venditore consegna i propri prodotti al negozio o all'azienda, che si impegna a venderli e a incassare il ricavato, trattenendo una percentuale come compenso per il servizio di vendita svolto. Il venditore rimane quindi proprietario dei prodotti fino a quando non vengono effettivamente venduti, momento in cui riceve la sua parte del ricavato. Il conto vendita è una soluzione adottata soprattutto da piccole imprese o artigiani che non dispongono di una propria rete di vendita e che vogliono comunque raggiungere un pubblico più ampio.

Gestione dei resi

La gestione dei resi, o gestione dei resi prodotto, è il processo che riguarda la gestione delle merci o dei prodotti che vengono restituiti al fornitore o al produttore da parte del cliente.

La gestione dei resi è importante perché i prodotti restituiti spesso rappresentano una perdita economica per l'azienda e devono essere gestiti in modo corretto per minimizzare questo impatto. La gestione dei resi può includere la riparazione o la sostituzione dei prodotti, il rimborso del denaro al cliente, la distruzione dei prodotti restituiti o il loro smaltimento ecologico.

Inoltre, la gestione dei resi può anche essere vista come un'opportunità per migliorare la relazione con i clienti, poiché un'efficace gestione dei resi può aiutare a mantenere la loro fiducia e fedeltà all'azienda.

5. ORGANIZZAZIONE E RISORSE UMANE

I modelli manageriali

Ci sono diversi modelli manageriali che possono essere adottati dalle aziende per gestire le proprie attività e risorse. Di seguito ne elenco alcuni:

Gerarchico: questo modello si basa sulla definizione di ruoli gerarchici precisi e sulla divisione del lavoro in funzioni specifiche. Le decisioni sono prese dall'alto verso il basso, con una forte enfasi sulla struttura gerarchica dell'azienda.

Matriciale: questo modello si basa sulla collaborazione tra team funzionali che lavorano su progetti specifici. Ogni progetto ha un leader di progetto e il personale coinvolto è selezionato in base alle competenze richieste.

Agile: questo modello è stato sviluppato per gestire progetti complessi e rapidamente evolutivi, con un focus sulla flessibilità e l'adattamento alle mutevoli condizioni di mercato. La gestione è decentralizzata e il lavoro viene organizzato in sprints (cicli di lavoro).

Lean: questo modello si basa sulla riduzione degli sprechi e sull'ottimizzazione dei processi di produzione. La gestione è focalizzata sulla riduzione dei costi, sulla massimizzazione dell'efficienza e sulla creazione di valore per il cliente.

Basato sulla conoscenza: questo modello si basa sulla gestione della conoscenza come risorsa strategica dell'azienda. La gestione si concentra sulla condivisione della conoscenza tra i dipendenti, sulla creazione di una cultura dell'apprendimento continuo e sulla promozione dell'innovazione.

Orientato al cliente: questo modello si basa sulla soddisfazione del cliente come obiettivo principale dell'azienda. La gestione si concentra sulla comprensione delle esigenze dei clienti e sulla creazione di prodotti e servizi che soddisfano queste esigenze.

Questi sono solo alcuni dei modelli manageriali che possono essere adottati dalle aziende in base alle loro esigenze e alle condizioni di mercato in cui operano.

Le tipologie di leader

Ci sono diverse tipologie di leader, ognuna delle quali ha un proprio stile di leadership e approccio alla gestione delle risorse e del personale. Ecco alcune delle tipologie più comuni:

Leader autocratico: il leader autocratico è colui che prende tutte le decisioni e fornisce istruzioni dettagliate ai dipendenti. Questo stile di leadership è efficace in situazioni di emergenza o quando sono necessarie decisioni rapide, ma può essere limitante e demotivante per i dipendenti.

Leader democratico: il leader democratico coinvolge i dipendenti nella presa di decisioni e ascolta le loro opinioni. Questo stile di leadership promuove la creatività e l'innovazione, ma può richiedere più tempo per prendere decisioni e può essere inefficiente in situazioni di emergenza.

Leader trasformazionale: il leader trasformazionale ispira e motiva i dipendenti a raggiungere obiettivi ambiziosi. Questo stile di leadership promuove la creatività e l'innovazione e favorisce un forte senso di impegno e collaborazione tra i dipendenti.

Leader transazionale: il leader transazionale si concentra sui risultati e utilizza incentivi e sanzioni per motivare i dipendenti. Questo stile di leadership può essere efficace nel conseguimento di obiettivi specifici, ma può anche essere limitante e demotivante.

Leader orientato alla relazione: il leader orientato alla relazione mette l'accento sulle relazioni interpersonali e sulla creazione di un ambiente di lavoro positivo. Questo stile di leadership promuove la collaborazione e la creatività, ma può essere meno efficace in situazioni di pressione e di alta competizione.

Queste sono solo alcune delle tipologie di leader più comuni. In realtà, i leader possono adottare uno stile di leadership che si adatta alle esigenze specifiche dell'organizzazione e dei dipendenti che gestiscono.

La costituzione del gruppo di lavoro

Costituire un gruppo di lavoro efficace è un processo critico per il successo di qualsiasi progetto o attività. Ecco alcune delle cose che bisogna considerare quando si costituisce un gruppo di lavoro:

Obiettivi: è importante avere chiari gli obiettivi del progetto o dell'attività e assicurarsi che i membri del gruppo siano consapevoli e allineati su questi obiettivi. In questo modo sarà più facile mantenere la concentrazione e motivare il gruppo verso il raggiungimento degli obiettivi.

Competenze: bisogna considerare le competenze necessarie per il progetto o l'attività e selezionare i membri del gruppo in base a queste competenze. Questo assicurerà che il gruppo abbia le risorse necessarie per completare il progetto o l'attività in modo efficace.

Ruoli: bisogna stabilire i ruoli all'interno del gruppo e assegnare specifiche responsabilità a ciascun membro. Questo aiuterà a garantire che il lavoro sia distribuito in modo equo e che ogni membro del gruppo abbia un ruolo chiaro e definito.

Comunicazione: bisogna stabilire un sistema di comunicazione efficace all'interno del gruppo, in modo che i membri possano comunicare in modo rapido e chiaro tra loro. Questo aiuterà a prevenire eventuali malintesi e garantirà che il gruppo lavori in modo coordinato.

Diversità: è importante considerare la diversità all'interno del gruppo e assicurarsi che ci sia una rappresentanza adeguata di punti di vista e prospettive diverse. Questo può aiutare a promuovere l'innovazione e la creatività all'interno del gruppo.

Dinamiche di gruppo: bisogna considerare le dinamiche di gruppo e fare in modo che tutti i membri del gruppo si sentano coinvolti e valorizzati. Ciò può essere fatto attraverso la creazione di un ambiente di lavoro positivo e collaborativo, e incoraggiando la partecipazione e il coinvolgimento di tutti i membri del gruppo.

In sintesi, quando si costituisce un gruppo di lavoro, bisogna considerare gli obiettivi, le competenze, i ruoli, la comunicazione, la diversità e le dinamiche di gruppo, al fine di creare un gruppo efficace e coeso.

La selezione del personale

Durante la selezione del personale, gli aspetti presi in considerazione possono variare a seconda dell'azienda, dell'industria e del ruolo specifico per cui si sta assumendo. Tuttavia, di seguito sono elencati alcuni degli aspetti più comuni che solitamente vengono valutati durante il processo di selezione del personale:

Competenze e conoscenze: le competenze e le conoscenze necessarie per il ruolo vengono verificate attraverso esami, test e colloqui per valutare la conoscenza tecnica e professionale del candidato.

Esperienza: viene valutata l'esperienza pregressa del candidato e le competenze acquisite in precedenza, che possono essere utilizzate per il ruolo attuale.

Personalità e attitudine: viene valutata la personalità del candidato, inclusa la sua capacità di lavorare in team, la sua predisposizione all'apprendimento e la sua attitudine al problem solving.

Capacità comunicative: vengono valutate le capacità comunicative del candidato, come la sua capacità di esprimersi in modo chiaro, la sua capacità di ascoltare e di negoziare.

Motivazione e impegno: viene valutata la motivazione del candidato per il lavoro e l'impegno verso l'azienda e il lavoro stesso.

Etica professionale: viene valutata la condotta etica del candidato, la sua attitudine verso l'integrità, la trasparenza e l'equità.

Adattabilità: viene valutata la capacità del candidato di adattarsi al cambiamento e di gestire situazioni complesse e ambigue.

Aspettative salariali: viene valutata la coerenza tra le aspettative salariali del candidato e la retribuzione offerta dall'azienda.

La selezione del personale è un processo complesso e varia da azienda ad azienda, ma questi sono alcuni dei principali aspetti che vengono considerati nel valutare i candidati.

La soddisfazione del personale

La soddisfazione del personale dipende da numerosi fattori. Di seguito, sono elencati alcuni degli aspetti più importanti che possono influire sulla soddisfazione del personale:

Retribuzione: la retribuzione è un fattore chiave per la soddisfazione del personale. Una retribuzione adeguata e in linea con le competenze e le responsabilità dell'individuo può aumentare la motivazione e la soddisfazione del dipendente.

Ambiente di lavoro: un ambiente di lavoro confortevole e sicuro, con buona illuminazione, ventilazione e spazi adeguati, può contribuire alla soddisfazione dei dipendenti.

Opportunità di crescita: la possibilità di crescere all'interno dell'azienda, attraverso la formazione professionale, l'acquisizione di nuove competenze o la promozione, può aumentare la motivazione e la soddisfazione del personale.

Comunicazione: una comunicazione efficace e trasparente all'interno dell'azienda può migliorare la soddisfazione dei dipendenti. La comunicazione dovrebbe essere aperta e sincera, con la possibilità per i dipendenti di esprimere le proprie opinioni e preoccupazioni.

Cultura aziendale: una cultura aziendale positiva, che promuove valori come l'etica del lavoro, il rispetto, la collaborazione e il riconoscimento del merito, può contribuire alla soddisfazione del personale.

Equilibrio tra vita professionale e privata: l'equilibrio tra vita professionale e privata è importante per la soddisfazione dei dipendenti. Un'azienda che promuove politiche di lavoro flessibili e che rispetta i tempi di vita privata dei dipendenti può contribuire alla loro soddisfazione.

Riconoscimento: il riconoscimento del lavoro svolto e degli obiettivi raggiunti può aumentare la soddisfazione dei dipendenti. Un sistema di riconoscimento efficace, che premia i dipendenti in base alle loro prestazioni e ai loro contributi, può contribuire alla loro motivazione e soddisfazione.

In generale, è importante ricordare che la soddisfazione dei dipendenti dipende da molteplici fattori, che possono variare in base alle specifiche caratteristiche dell'azienda e dei dipendenti stessi. La creazione di un ambiente di lavoro positivo, incentrato sulla valorizzazione delle risorse umane, può contribuire in modo significativo alla soddisfazione e al benessere dei dipendenti.

Nel simulatore la soddisfazione del personale terrà conto di fattori quali: numero di pause, numero di benefits, numero di aumenti, arretrato ferie, formazioni ricevute, reputazione aziendale, puntualità nel pagamento degli stipendi.

I benefit aziendali più comuni

I benefit aziendali più comuni nelle aziende italiane includono:

Buoni pasto: molti datori di lavoro offrono ai propri dipendenti dei ticket restaurant o buoni pasto, che possono essere utilizzati per pagare pasti nei ristoranti o acquistare cibo nei supermercati.

Assicurazione sanitaria integrativa: molte aziende offrono ai propri dipendenti un'assicurazione sanitaria integrativa che copre le spese mediche non coperte dal servizio sanitario nazionale.

Flessibilità lavorativa: molte aziende offrono ai propri dipendenti la possibilità di lavorare da remoto o di avere orari di lavoro flessibili per consentire una migliore conciliazione tra lavoro e vita privata.

Formazione e sviluppo professionale: molte aziende offrono programmi di formazione e sviluppo professionale per consentire ai propri dipendenti di migliorare le proprie competenze e crescere professionalmente.

Piani pensionistici integrativi: molte aziende offrono ai propri dipendenti la possibilità di partecipare a piani pensionistici integrativi per garantire una maggiore sicurezza finanziaria in età avanzata.

Programmi di benessere: molte aziende offrono ai propri dipendenti programmi di benessere come la palestra in ufficio o la consulenza psicologica per migliorare il benessere fisico e mentale.

Congedi parentali: molte aziende offrono ai propri dipendenti la possibilità di usufruire di congedi parentali retribuiti per affrontare le esigenze familiari.

Bonus di performance: molte aziende offrono ai propri dipendenti bonus di performance o premi in denaro per riconoscere il lavoro di successo e motivare i dipendenti a raggiungere obiettivi di business.

Questi sono solo alcuni degli esempi di benefit aziendali più comuni, ma ci possono essere anche altre opzioni a seconda dell'industria, della dimensione dell'azienda e delle esigenze dei dipendenti.

Il simulatore comprende 7 benefits ai dipendenti: parcheggio aziendale, bevande (acqua, caffe/tè), wi-fi ad uso personale, frutta, entrata flessibile, home office per il personale amministrativo e assicurazione dentistica complementare.

La gestione del conflitto

La gestione dei conflitti con i dipendenti è una parte importante della gestione delle risorse umane e richiede una serie di tecniche per gestire le divergenze e le tensioni sul posto di lavoro. Alcune delle tecniche più comuni per la gestione del conflitto con i dipendenti includono:

Comunicazione efficace: la comunicazione aperta e onesta può aiutare a prevenire i conflitti e risolverli in modo efficace quando si verificano. Gli amministratori devono essere chiari, ascoltare attivamente e rispondere in modo appropriato alle preoccupazioni dei dipendenti.

Negoziazione: la negoziazione implica cercare di trovare una soluzione accettabile per entrambe le parti in conflitto. Gli amministratori possono aiutare i dipendenti a raggiungere un compromesso attraverso il dialogo e la discussione.

Mediazione: la mediazione è un processo in cui una terza parte neutrale aiuta le parti coinvolte nel conflitto a trovare una soluzione. L'obiettivo della mediazione è di raggiungere un accordo che soddisfi entrambe le parti.

Gestione dei problemi: la gestione dei problemi prevede l'identificazione delle cause profonde del conflitto e la ricerca di soluzioni per risolvere i problemi alla radice.

Coaching: il coaching consiste nel fornire ai dipendenti il supporto necessario per sviluppare le loro competenze e migliorare le loro prestazioni. Ciò può ridurre le tensioni sul posto di lavoro e prevenire i conflitti.

Formazione: la formazione può aiutare i dipendenti a sviluppare competenze di comunicazione efficaci, migliorare la loro capacità di gestire situazioni difficili e promuovere la comprensione e il rispetto reciproco.

In generale, la gestione dei conflitti con i dipendenti richiede una combinazione di tecniche di comunicazione, negoziazione, problem-solving e coaching, insieme ad un clima di rispetto e comprensione reciproca.

La sicurezza sul posto di lavoro

La sicurezza sul posto di lavoro è un aspetto molto importante per garantire la tutela della salute e della sicurezza dei lavoratori e prevenire incidenti e malattie professionali. Gli aspetti principali da considerare per garantire la sicurezza sul posto di lavoro sono:

Analisi dei rischi: è importante analizzare tutti i rischi presenti in azienda, sia quelli legati all'ambiente di lavoro, sia quelli legati all'utilizzo di attrezzature o sostanze pericolose. L'analisi dei rischi serve a individuare i potenziali pericoli e ad adottare le misure di prevenzione e protezione necessarie.

Formazione: i lavoratori devono essere adeguatamente formati sulla sicurezza sul lavoro e sulla corretta gestione di attrezzature e sostanze pericolose. È importante che tutti i dipendenti siano a conoscenza dei rischi e delle misure di sicurezza adottate dall'azienda.

Attrezzature e dispositivi di protezione individuale: l'azienda deve fornire ai lavoratori tutte le attrezzature e i dispositivi di protezione individuale (DPI) necessari per svolgere le attività in sicurezza. Questi dispositivi possono includere caschi, guanti, occhiali protettivi, maschere antipolvere, ecc.

Sorveglianza sanitaria: è importante monitorare la salute dei lavoratori che possono essere esposti a rischi per la salute sul lavoro, per esempio a sostanze tossiche o agenti cancerogeni.

Procedura di emergenza: l'azienda deve avere una procedura di emergenza in caso di incidenti sul lavoro, che preveda la gestione dell'evento e l'assistenza immediata ai lavoratori coinvolti.

Sorveglianza dell'ambiente di lavoro: l'azienda deve monitorare costantemente l'ambiente di lavoro per garantire la sicurezza dei lavoratori. Questo può includere la gestione della pulizia e dell'igiene, la verifica delle attrezzature e degli impianti, il controllo dei livelli di rumore e vibrazione, ecc.

Valutazione periodica delle misure di sicurezza: l'azienda deve effettuare una valutazione periodica delle misure di sicurezza adottate, in modo da individuare eventuali criticità e adottare eventuali migliorie.

Questi sono solo alcuni degli aspetti da considerare per garantire la sicurezza sul posto di lavoro. La tutela della salute e della sicurezza dei lavoratori è un tema molto importante che richiede attenzione costante da parte dell'azienda.

6. CONTROLLO DI GESTIONE E BILANCIO

Il fatturato è vanità. Il profitto è salute. La cassa è realtà!

Il detto "Il fatturato è vanità. Il profitto è salute. La cassa è realtà" significa che, sebbene il fatturato possa sembrare un indicatore importante del successo di un'azienda, ci sono altri fattori che sono altrettanto importanti, se non di più. Il profitto, che rappresenta la differenza tra le entrate e le spese, è un indicatore molto più significativo della salute finanziaria di un'azienda rispetto al fatturato. Inoltre, la cassa, che rappresenta il denaro liquido disponibile, è l'indicatore più importante della salute finanziaria di un'azienda, poiché è ciò che consente all'azienda di finanziare le sue attività quotidiane, come il pagamento dei dipendenti e dei fornitori. In sostanza, il detto mette in evidenza l'importanza di concentrarsi sulla gestione finanziaria dell'azienda piuttosto che solo sulla generazione di entrate.

Voci economiche vs. voci finanziarie

Le voci economiche e finanziarie si riferiscono a due concetti diversi ma strettamente correlati nell'ambito dell'economia aziendale.

Le voci economiche sono quelle che riguardano i flussi di beni e servizi tra l'azienda e il mercato, ovvero le entrate e le uscite di beni e servizi che vengono prodotti, acquistati e venduti dall'azienda. Le voci economiche includono, ad esempio, il costo delle materie prime, il costo del lavoro, i ricavi delle vendite, le spese per il marketing, le spese per la ricerca e lo sviluppo, ecc.

Le voci finanziarie, d'altra parte, si riferiscono alle attività finanziarie dell'azienda, ovvero alle entrate e alle uscite di denaro. Le voci finanziarie includono, ad esempio, la gestione del denaro contante, i prestiti bancari, il pagamento degli interessi sui debiti, il pagamento delle tasse, il pagamento dei dividendi agli azionisti, ecc.

In sintesi, mentre le voci economiche riguardano la produzione e la vendita di beni e servizi dell'azienda, le voci finanziarie riguardano la gestione del denaro e delle risorse finanziarie dell'azienda. Entrambe le categorie di voci sono importanti per la gestione dell'azienda e per la valutazione della sua performance.

Facciamo un esempio.

Acquistiamo una partita di merce con pagamento a 20 giorni per un importo di $20,000. Al momento dell'ordine è richiesto un acconto del 10% ($2,000) e sul conto corrente bancario abbiamo a disposizione $5,000.

In questo caso possiamo identificare 3 eventi.
- Emissione della fattura (evento economico) $20,000
- Pagamento dell'anticipo (evento finanziario) $2,000
- Saldo della fattura (evento finanziario) $18,000

Beni durevoli

I beni durevoli sono quei beni materiali che vengono utilizzati per la produzione o la fornitura di beni o servizi a lungo termine. Questi beni possono essere ad esempio macchinari, veicoli, attrezzature, edifici, impianti e macchinari.

L'ammortamento è il processo contabile mediante il quale si registra la diminuzione del valore di un bene durevole nel tempo. L'ammortamento rappresenta la ripartizione del costo del bene su un periodo di tempo specifico, invece di addebitarlo interamente nell'anno in cui è stato acquistato. In questo modo, l'ammortamento consente di distribuire il costo del bene su più anni e di ripartirlo equamente sui periodi in cui il bene viene utilizzato per la produzione o la fornitura di beni o servizi.

Esistono diversi metodi di ammortamento, tra cui il metodo lineare e il metodo a quote variabili. Nel metodo lineare, il costo del bene viene ripartito in parti uguali su un periodo di tempo specifico, mentre nel metodo a quote variabili il costo viene ripartito in parti variabili in base all'utilizzo del bene stesso. In entrambi i casi, l'obiettivo dell'ammortamento è quello di fornire una rappresentazione accurata del valore del bene nel tempo e di consentire una gestione efficiente delle risorse aziendali.

Facciamo un esempio.

L'azienda ha liquidità ($110,000) e si prevede per fine anno un utile di $100,000, pensiamo quindi di acquistare un fabbricato per ridurre l'utile e non dover pagare le tasse.

Questo è un errore, vediamo Perché.

Acquistiamo un capannone al prezzo di $100,000 (evento economico) pagandolo immediatamente (evento finanziario).

Questo costo però produrrà i suoi benefici in un lasso di tempo medio-lungo (ipotizziamo 10 anni). Il costo che verrà conteggiato di competenza dell'anno sarà $10,000 ($100,000 / 10 anni) e non $100,000. L'utile di fine anno sarà pertanto $90,000 e il saldo di cassa $10,000.

Flusso di cassa (Cash flow)

Il flusso di cassa (o cash flow in inglese) rappresenta l'entrata e l'uscita di denaro effettivamente ricevuto o speso da un'azienda in un determinato periodo di tempo. In altre parole, il flusso di cassa rappresenta la quantità di denaro che entra e esce dall'azienda.

Esso è differente dal reddito o dal profitto (che rappresentano l'entrata e l'uscita di denaro previsti) in quanto tiene conto solamente dei movimenti di denaro effettivamente avvenuti nell'arco di un periodo di tempo, come i pagamenti effettuati ai fornitori, quelli ricevuti dai clienti, gli investimenti in attività, l'acquisto di beni di capitale, le spese per gli interessi e le imposte.

Il flusso di cassa è un importante indicatore della salute finanziaria di un'azienda, in quanto consente di capire se l'azienda è in grado di generare denaro sufficiente per coprire le spese operative, gli investimenti in attività e il pagamento degli interessi e delle imposte. Inoltre, il flusso di cassa è utilizzato dagli analisti finanziari per valutare l'efficienza della gestione finanziaria dell'azienda e la sua capacità di creare valore per gli azionisti.

Vediamo ora un esempio numerico.
- Saldo bancario al giorno 1 pari a $2,000.
- Vendita $5,000 il giorno 1 con incasso il giorno 10
- Acquisto di materiali per $3,000 il giorno 2 con pagamento a entro il giorno 5

Visione economica

Vendita $5,000 – Acquisto di materiali $3,000 = utile $2,000

Ciò può darci l'impressione che vada tutto bene, ma non è proprio così. Vediamo il Perché.

Visione finanziaria

Giorno 1 Saldo $2000

Giorno 2 Saldo 2,000

...

Giorno 5 Saldo -1,000 (conto negativo)

Giorno 6 Saldo -1,000 (conto negativo)

...

Giorno 10 Saldo +4,000

Come possiamo notare dal giorno 5 al giorno 9 il nostro saldo bancario è negativo ciò comporta 2 scenari:
- nel caso la banca ci abbia concesso un fido (ovvero la possibilità di andare in negativo), dovremo corrispondere degli interessi alla banca.
- nel caso in cui non si disponga di un fido saremo insolventi per 5 giorni. È possibile che ciò comporti degli interessi di mora e possibili conseguenze nel successivi ordini (peggiori condizioni di prezzo o richiesta di saldare tutto l'importo al momento dell'ordine, in alcuni casi impossibilità di riacquistare dallo stesso fornitore).

Il flusso di cassa (cash flow) è forse uno degli aspetti più importanti della gestione aziendale.

Economicamente il risultato di questa espressione é positivo:

5-3+1-8+2+2-5+10 = 4

In ottica finaziaria ci accorgiamo ben presto che i risultati parziali sono negativi per la maggior parte della serie.

Uscite	Entrate	Banca
	5	5
-3	-	2
-	1	3
-8	-	-5
-	2	-3
-	2	-1
-5	-	-6
-	10	4

Cosa vuol dire ciò? Se la distanza fra una situazione finanziaria negativa e la successiva positiva è relativamente breve (ordine di grandezza di giorni o al massimo un paio di settimane) è possibile gestire la situazione con

- richieste di scoperto di saldo (fido bancario)
- dilazionamenti dei pagamenti con i fornitori
- pagamenti parziali
- versamenti di nuova liquidiità da parte dei soci

Se la situazione è invece molto sbilanciata nel tempo il rischio di fallimento diventa una prospettiva concreta, specialmente nelle start-up, in cui inizialmente si è nella condizione di dover sostenere molti costi (uscite) a fronte di ricavi (e incassi) incerti e futuri.

Immaginiamo questo caso molto semplificato.
Viene avviata una start-up per sviluppare un software di cui si prevede un fatturato di $200,000 all'anno a fronte di costi di sviluppo di $100,000 all'anno. Il capitale investito è pari a $200,000.
La prima impressione potrebbe farci credere che vada tutto bene, in realtà l'aspetto critico è legato ai tempi. Quanto tempo è necessario per sviluppare il software? Quanto tempo è necessario per raggiungere i ricavi attesi?

(cifre in migliaia)

Anno	Costi	Ricavi	Banca
0	0	0	200
1	-100	0	100
2	-100	10	10
3	-100	20	**-70**
4	-100	60	**-110**
5	-100	120	**-90**
6	-100	150	**-40**
7	-100	200	60
8	-100	200	160
9	-100	200	360

Come possiamo vedere dall'esempio per 4 anni di fila (3,4,5,6) la società ha un disavanzo di cassa. Ciò può comportare diversi scenari possibili:

- I soci o i finanziatori, disillusi dai risultati dopo i primi 3/4 anni abbandonino il progetto, concretizzando le perdite.
- I soci possono essere convinti del successo del progetto ma dovranno trovare fonti di finanziamento pare ad ulteriori $110,000 (massimo valore di disavanzo nella tabella) per compensare ai mancati incassi in vista di quelli futuri

Nel simulatore potrai trovare grafici e report a supporto dell'analisi del flusso di cassa.

Anticipo fatture (Factoring)

Il factoring è un servizio finanziario che consente alle aziende di ottenere liquidità immediata attraverso la cessione dei propri crediti commerciali a una società di factoring. In sostanza, l'azienda vende i propri crediti commerciali a una società di factoring, che a sua volta anticipa una parte del valore dei crediti alla società, addebitando una commissione per il servizio.

Il factoring può essere suddiviso in due principali categorie: il factoring con garanzia (o factoring con regresso) e il factoring senza garanzia (o factoring senza regresso).

Nel factoring con garanzia, la società di factoring si assume il rischio di insolvenza dei debitori, ma addebita una commissione più alta. In caso di mancato pagamento dei debitori, la società di factoring ha il diritto di rivalersi sulla società cliente per recuperare il denaro avanzato.

Nel factoring senza garanzia, invece, la società di factoring non si assume il rischio di insolvenza dei debitori, ma addebita una commissione più bassa. In questo caso, la società cliente continua ad essere responsabile per il recupero dei crediti commerciali ceduti.

Il factoring può essere utile per le aziende che hanno bisogno di liquidità immediata per finanziare il proprio capitale circolante o per sostenere la crescita dell'attività.

Inoltre, il factoring può aiutare le aziende a gestire il rischio di insolvenza dei propri debitori, poiché la società di factoring si assume il rischio di non pagamento dei debiti ceduti.

In sintesi, il factoring è un servizio finanziario che consente alle aziende di ottenere liquidità immediata attraverso la cessione dei propri crediti commerciali a una società di factoring, che a sua volta anticipa una parte del valore dei crediti alla società, addebitando una commissione per il servizio.

Nel simulatore avrai modo di richiedere lo sconto di fatture a fronti di commissioni bancarie.

Controllo di gestione

Il controllo di gestione è il processo attraverso il quale un'organizzazione monitora e controlla le proprie attività per garantire che gli obiettivi strategici vengano raggiunti in modo efficace ed efficiente. In altre parole, il controllo di gestione è un insieme di tecniche e strumenti finalizzati a garantire che le risorse aziendali vengano utilizzate in modo appropriato per raggiungere gli obiettivi prefissati.

Il controllo di gestione può includere una vasta gamma di attività, tra cui:

Definizione degli obiettivi aziendali: definizione degli obiettivi e degli indicatori di performance per l'organizzazione.

Pianificazione: sviluppo di un piano di azione per raggiungere gli obiettivi aziendali.

Controllo del budget: definizione di un budget e monitoraggio delle spese per garantire che le risorse siano utilizzate in modo appropriato.

Monitoraggio delle performance: monitoraggio delle performance dell'organizzazione rispetto agli obiettivi prefissati.

Analisi dei costi: analisi dei costi delle attività aziendali per identificare possibili aree di miglioramento.

Reporting: creazione di report periodici per fornire informazioni sulla performance dell'organizzazione.

Il controllo di gestione è importante perché aiuta le organizzazioni a monitorare le loro attività e a prendere decisioni basate sui dati. Inoltre, aiuta le organizzazioni a identificare le aree in cui possono migliorare e a prendere le misure necessarie per raggiungere gli obiettivi prefissati.

Analisi ABC

L'analisi ABC (dall'inglese Activity Based Costing) è un metodo di contabilità analitica utilizzato dalle aziende per analizzare il costo delle loro attività e prodotti in modo più accurato rispetto ai metodi tradizionali di contabilità dei costi.

L'analisi ABC si basa sull'idea che non tutti i prodotti e le attività hanno lo stesso impatto sui costi dell'azienda, e che i costi di alcune attività possono essere allocati a più prodotti o servizi. Pertanto, l'analisi ABC cerca di identificare i fattori di costo per ogni attività, assegnare questi costi ai prodotti o servizi appropriati e quindi valutare il contributo di ogni prodotto o servizio ai ricavi dell'azienda.

L'analisi ABC si articola in tre fasi:

Identificazione delle attività: vengono individuate le attività che incidono sui costi dell'azienda e che sono necessarie per produrre un determinato prodotto o servizio.

Assegnazione dei costi: i costi delle attività identificate vengono assegnati ai prodotti o servizi correlati sulla base di un'analisi di come ogni attività contribuisce alla produzione del prodotto o servizio.

Analisi dei risultati: l'analisi dei risultati consente di valutare il contributo di ogni prodotto o servizio ai ricavi dell'azienda e di identificare eventuali attività o prodotti che stanno generando costi eccessivi rispetto al loro contributo ai ricavi.

L'analisi ABC può aiutare le aziende a prendere decisioni strategiche sulle loro attività, come l'eliminazione di attività che non generano valore aggiunto o la riduzione dei costi di produzione dei prodotti meno redditizi. Inoltre, può aiutare le aziende a migliorare la loro efficienza e a identificare opportunità per aumentare la loro redditività.

Facciamo un esempio numerico:
Un'azienda produce 2 linee di magliette (10,000 pezzi per A e 8,000 pezzi B).
I costi variabili (materiali e ore dirette degli operai) per ogni unità prodotta di A sono $0.5 mentre per B sono $0.8
Dobbiamo ora attribuire la parte di costi fissi.

Macchinari e fabbricati $5,000
La produzione di A richiede 100 ore al mese mentre B solo 60
$5,000 / (100 + 60) = $31.25 driver di costo
Avremo quindi per:
A = $31.25 * 100 ore = $3,125
B = $31.25 * 60 ore = $1,875
(il totale è $5,000)

Marketing e promozione $10,000

Le risorse sono state distribuite equamente fra le due serie di t-shirt

Avremo quindi per:
A = $10,000 * 50% = $5,000
B = $10,000 * 50% = $5,000
(il totale è $10,000)

Infine consideriamo i costi amministrativi e contabili $5,000

Per A si è usato un canale di tipo B2C (vendite ai privati) mentre per B si è usato un canale tramite distributori (B2B).

Si è deciso di ripartire i costi in base al numero di ordini ricevuti e processati. Nel caso di A si sono registrati 400 ordini (piccole quantità) mentre nel caso di B solo 100 (grandi quantità).

$5,000 / (400 + 100) = $10 driver di costo

Avremo quindi per:
A = $10 * 400 = $4,000
B = $10 * 100 = $1,000
(il totale è $5,000)

Ricapitoliamo ora i costi associandoli alle due linee secondo i driver di costo descritti

Voce	Linea A	Linea B
Q. Unità	10000	8000
Costi variabili unitari $	0.5	0.8
1. Totale costi variabili $	5000	6400

2. Impianti	3125	1875
3. Marketing	5000	5000
4. Costi amministrativi	4000	1000
5. Totale (1+2+3+4)	17125	14275
C. Costo unitario (5. / Q)	1.71	1.78
P Prezzo di vendita	5	2.5
Marginalità (P-C)	3.29	0.72

Profitto totale = (10,000 * 3.29) + (8,000 * 0.72) = $38,660

Come possiamo notare la marginalità della linea B è pari ad appena il 21% di quella di A.

Questo lato si può leggere in modo diversi a seconda del contesto.

Scenario 1: il mercato B2C è saturo non si prevede un aumento delle quantità vendute.

In questo scenario la linea B è funzionale in quanto consente di abbattere i costi fissi su più unità. Se sospendessimo la produzione della linea B senza avere la possibilità di comprimere i costi fissi (ridurre il personale, marketing o la dimensione dei fabbricati) la situazione cambierebbe nel seguente modo

Voce	Linea A	Linea B
Q. Unità	10000	
Costi variabili unitari $	0.5	
1. Totale costi variabili $	5000	
2. Impianti	5000	
3. Marketing	10000	
4. Costi amministrativi	5000	
5. Totale (1+2+3+4)	25000	

C. Costo unitario (5. / Q)	2.5
P Prezzo di vendita	5
Marginalità (P-C)	2.5

Profitto totale = 10,000 * $2.5 = $25,000

Scenario 2: il mercato del B2C è in forte espansione e la capacità produttiva dell'azienda è satura. Sospendendo la linea B si valuta un aumento delle unità della linea A pari a +6,000 pezzi

Voce	Linea A	Linea B
Q. Unità	16000	
Costi variabili unitari $	0.5	
1. Totale costi variabili $	5000	
2. Impianti	5000	
3. Marketing	10000	
4. Costi amministrativi	5000	
5. Totale (1+2+3+4)	31000	
C. Costo unitario (5. / Q)	1.93	
P Prezzo di vendita	5	
Marginalità (P-C)	3.07	

Profitto totale = 16,000 * $3.07 = $49,120

In questo caso la sospensione della linea B è consigliata in quanto si orienta la produzione verso il mercato più profittevole.

Il bilancio

Il bilancio di una società è composto da tre parti principali: lo stato patrimoniale, il conto economico e la nota integrativa.

Lo stato patrimoniale rappresenta la situazione patrimoniale della società in un determinato momento, e riporta le attività e le passività della società, ovvero tutto ciò che la società possiede e deve. Le attività sono le risorse economiche che la società possiede, come ad esempio i beni immobili, le macchine, gli investimenti finanziari, il denaro in cassa e in banca, mentre le passività sono le obbligazioni della società, come ad esempio i debiti verso fornitori, i prestiti bancari, i finanziamenti, i debiti tributari.

Il conto economico invece indica il risultato economico dell'attività della società in un determinato periodo, di solito un anno. Esso presenta le entrate e le uscite della società, ovvero i ricavi e i costi, evidenziando l'utile o la perdita della società.

Infine, **la nota integrativa** è un documento che fornisce informazioni supplementari e dettagliate sullo stato patrimoniale e sul conto economico, al fine di spiegare i dati presentati e di offrire una maggiore trasparenza sulle attività della società. La nota integrativa può contenere informazioni sulle politiche contabili adottate dalla società, sulle attività straordinarie svolte, sulle operazioni di finanziamento, sulle questioni fiscali e legali e su altri aspetti rilevanti per la comprensione della situazione della società.

Nel simulatore potrai trovare il bilancio compilato in ogni momento (conto economico e stato patrimoniale)

Gli indici di bilancio

Gli indici di bilancio sono degli strumenti utilizzati per analizzare la situazione finanziaria di un'azienda e valutarne la performance nel tempo. Essi si basano sull'analisi dei dati presenti nel bilancio dell'azienda e consentono di identificare i punti di forza e di debolezza dell'azienda, nonché di confrontarne la performance con quella di altre aziende del settore.

Ecco alcuni degli indici di bilancio più comuni e il loro calcolo:

ROE (Return on Equity): è un indicatore della redditività dell'investimento degli azionisti. Viene calcolato dividendo il profitto netto dell'azienda per il patrimonio netto. La formula è la seguente: ROE = (Profitto netto / Patrimonio netto) x 100.

ROS (Return on Sales): è un indicatore della redditività delle vendite dell'azienda. Viene calcolato dividendo il profitto netto dell'azienda per le vendite totali. La formula è la seguente: ROS = (Profitto netto / Vendite totali) x 100.

ROI (Return on Investment): è un indicatore della redditività dell'investimento complessivo dell'azienda. Viene calcolato dividendo il profitto netto dell'azienda per l'investimento totale. La formula è la seguente: ROI = (Profitto netto / Investimento totale) x 100.

CTO (Capital Turnover Ratio): è un indicatore della efficienza nella gestione del capitale. Viene calcolato dividendo le vendite totali dell'azienda per il capitale investito. La formula è la seguente: CTO = Vendite totali / Capitale investito.

Indice di liquidità corrente: misura la capacità di un'azienda di far fronte alle proprie obbligazioni correnti. Il suo calcolo si ottiene dividendo l'attivo corrente (ovvero il totale delle risorse che possono essere convertite in denaro nel breve periodo) per il passivo corrente (ovvero il totale delle obbligazioni che devono essere pagate nel breve periodo). Un indice superiore a 1 indica che l'azienda ha abbastanza risorse per coprire le proprie obbligazioni correnti.

Indice di liquidità immediata: simile all'indice di liquidità corrente, ma esclude le rimanenze dal calcolo dell'attivo corrente. Si calcola dividendo la somma del contante e dei crediti bancari per il passivo corrente.

Margine di contribuzione: misura il contributo che ogni prodotto o servizio fornisce al margine operativo dell'azienda. Si calcola sottraendo i costi variabili dalle vendite e dividendoli per le vendite. Un margine di contribuzione elevato indica che l'azienda sta generando abbastanza profitto da coprire i propri costi variabili.

Rendimento del capitale investito (ROI): misura la redditività dell'investimento complessivo dell'azienda. Si calcola dividendo l'utile operativo per il capitale investito. Un ROI elevato indica che l'azienda sta generando un buon ritorno sull'investimento.

Gearing: misura il rapporto tra il debito dell'azienda e il capitale proprio. Si calcola dividendo il debito totale per il capitale proprio. Un gearing elevato indica che l'azienda ha assunto un alto livello di indebitamento.

Ci sono molti altri indici di bilancio, ma questi sono solo alcuni esempi. È importante notare che gli indici di bilancio devono essere interpretati in modo critico e valutati insieme ad altre informazioni, come il contesto del settore e la situazione economica generale.

Nel simulatore sono previsti 4 indici di bilancio: ROI, ROE, ROS e CTO.

Gli studi di settore

Gli studi di settore sono strumenti utilizzati dall'Agenzia delle Entrate per verificare la corretta determinazione dei ricavi e dei costi delle imprese in determinati settori economici. Essi consistono in analisi statistiche condotte dall'Agenzia che consentono di stabilire i valori medi di alcune grandezze economiche (come ad esempio il rapporto tra costi e ricavi) tipiche di un particolare settore.

L'obiettivo degli studi di settore è quello di individuare eventuali comportamenti anomali o irregolari da parte delle imprese che operano in un determinato settore, in modo da verificare se esse stanno dichiarando correttamente i propri ricavi e costi. In caso di scostamenti significativi rispetto ai valori medi individuati dagli studi di settore, l'Agenzia delle Entrate potrebbe richiedere all'impresa di fornire ulteriori documentazioni e informazioni per verificare la correttezza delle dichiarazioni fiscali.

La riclassificazione del bilancio

La riclassificazione del bilancio si riferisce al processo di riposizionamento delle voci di bilancio in modo da migliorare la comprensione e l'analisi della situazione finanziaria di un'azienda. Questo processo prevede la modifica della posizione delle voci di bilancio da una categoria a un'altra, senza cambiare il loro valore complessivo.

La riclassificazione del bilancio può essere effettuata per diversi motivi, tra cui:

Migliorare la comprensione del bilancio - La riclassificazione può rendere le voci di bilancio più chiare e facili da comprendere, migliorando così l'analisi della situazione finanziaria dell'azienda.

Soddisfare i requisiti di presentazione - Le normative contabili e le prassi di presentazione dei bilanci possono variare da un paese all'altro e da un'industria all'altra. La riclassificazione può essere necessaria per soddisfare questi requisiti.

Migliorare la comparabilità - La riclassificazione può rendere i dati finanziari di un'azienda più comparabili con quelli di altre aziende, migliorando così l'analisi delle prestazioni.

Ad esempio, un'azienda potrebbe decidere di riclassificare le voci di bilancio relative alle spese generali e amministrative in modo da separare le spese operative dalle spese non operative. In questo modo, sarà possibile valutare in modo più accurato l'efficienza delle operazioni dell'azienda. Tuttavia, è importante notare che la riclassificazione del bilancio deve essere effettuata in modo accurato e trasparente, al fine di evitare distorsioni o fraintendimenti nella comprensione dei dati finanziari dell'azienda.

Simulazioni proposte

Per mettere in pratica i concetti esposti nei capitolo precedenti ti invitiamo ad effettuare le simulazioni dei seguenti scenari sul sito www.bacu.me (ti ricordiamo che le simulazioni sono gratuite):

Caso 1

Avvia un'impresa composta dal solo proprietario (50% produzione e 50% amministrativo) con un capitale iniziale di $70,000 e valuta cautamente le scelte in ambito acquisti e vendite per mantenere un flusso di cassa positivo.

Caso 2

Avvia ora la stessa impresa con un capitale inziale di $25,000 e identifica come la tua strategie e le tue scelte sono condizionate da un capitale iniziale minore.

Caso 3

Avvia un'impresa con $100,000 di capitale iniziale cercando di ridurre il costo di produzione unitario sotto la soglia di $2.5/pezzo.

Caso 4

Valuta l'impatto sulle vendite e sul risultato economico in un'azienda con 3 operai e 2 dipendenti amministrativi e paragonalo con la stessa azienda con 3 operai, 2 dipendenti amministrativi, 1 risorsa di marketing e 2 venditori.

Caso 5

Avvia un'azienda focalizzando la tua attenzione sulla maggiore qualità possibile.

Caso 6

Avvia un'azienda focalizzando la tua attenzione sulla maggiore reputazione possibile.

Indice

INTRODUZIONE..1
1. START UP..3
   La regola delle 10.000 ore...4
   Perché creare una start-up?...6
   Le maggiori cause di insuccesso................................8
   I settori con più start-up..10
   Le aziende "Unicorno"...12
   Le fasi di costituzione di una start-up.....................13
   Le diverse forme societarie in Italia.........................16
   La differenza fra società di capitale e di persone....18
   Il Business Plan..20
   L'analisi strategica SWOT..25
   Dimensionamento aziendale.....................................27
   Le fonti di finanziamento..29
   Family, Friends and Fools (Famiglia, amici e folli).....32
   Come definire un obiettivo SMART.........................34
   La locazione di un immobile.....................................36
2. FORNITORI E PRODUZIONE....................................38
   Gli elementi di una fattura...41
   I documenti di trasporto..43
   La gestione delle scorte..45
   JIT..49
   Import ed export...50
   Produttività...52
   Esternalizzazione della produzione........................56
   3PL..58
3. MARKETING..60

    Le leve di mercato (Marketing mix)............................61
    AIDA...64
    Canali promozionali...66
    Guerrilla marketing..69
    Sostenibilità ambientale...70
    Reputazione aziendale...73
    Coinvolgimento nella comunità..................................76
4. VENDITE...78
    Il processo di vendita...79
    La profilazione dei clienti..81
    I canali di vendita..84
    Conto vendita..86
    Gestione dei resi..87
5. ORGANIZZAZIONE E RISORSE UMANE..................88
    I modelli manageriali...89
    Le tipologie di leader...91
    La costituzione del gruppo di lavoro..........................93
    La selezione del personale...95
    La soddisfazione del personale...................................97
    I benefit aziendali più comuni...................................99
    La gestione del conflitto...101
    La sicurezza sul posto di lavoro................................103
6. CONTROLLO DI GESTIONE E BILANCIO..............105
    Il fatturato è vanità. Il profitto è salute. La cassa è realtà!..106
    Voci economiche vs. voci finanziarie........................107
    Beni durevoli..109
    Flusso di cassa (Cash flow).......................................111
    Anticipo fatture (Factoring)......................................116
    Controllo di gestione..118

Analisi ABC..120
Il bilancio..125
Gli indici di bilancio..127
Gli studi di settore...130
La riclassificazione del bilancio..................................131
Simulazioni proposte..133

www.ingramcontent.com/pod-product-compliance
Lightning Source LLC
Chambersburg PA
CBHW031533210526
45464CB00014B/2001